跟老会计学会计

(第二版)

琼慧／主编

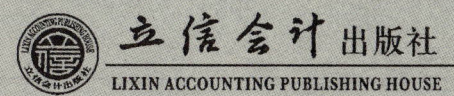

图书在版编目(CIP)数据

跟老会计学会计 / 琼慧主编. —2版. —上海：
立信会计出版社，2013.7
ISBN 978-7-5429-3939-5

Ⅰ.①跟… Ⅱ.①琼… Ⅲ.①会计学—基本知识
Ⅳ.①F230

中国版本图书馆 CIP 数据核字(2013)第 121872 号

策划编辑　蔡伟莉
责任编辑　赵志梅
封面设计　周崇文

跟老会计学会计

出版发行	立信会计出版社	
地　　址	上海市中山西路 2230 号	邮政编码　200235
电　　话	(021)64411389	传　　真　(021)64411325
网　　址	www.lixinaph.com	电子邮箱　lxaph@sh163.net
网上书店	www.shlx.net	电　　话　(021)64411071
经　　销	各地新华书店	
印　　刷	常熟市梅李印刷有限公司	
开　　本	787 毫米×960 毫米　　1/16	
印　　张	12.75	
字　　数	195 千字	
版　　次	2013 年 7 月第 1 版	
印　　次	2013 年 7 月第 1 次	
书　　号	ISBN 978-7-5429-3939-5/F	
定　　价	30.00 元	

如有印订差错，请与本社联系调换

前 言
FOREWORD

会计是一项专业性很强、涉及知识面较广的职业,既要求掌握会计专业知识和实务操作技巧,又要求及时获悉最新的相关法律、法规条文。因此,财务人员要熟悉、高效地做账,是需要一个过程的,但如果有一位多年从事会计工作、具备会计工作实践经验的老会计来指导的话,那将能让财务人员尽快进入工作角色,并能快速掌握实际工作中的账务处理技巧。本书以老手带新手的模式来讲述做账的原理、实务,它能使财务人员快速掌握做账的方法和技巧。

本书的特点主要表现在以下几方面。

一、政策性强

本书以财政部最新颁布的《企业会计准则》和《小企业会计准则》为准绳,坚持理论与实践相结合的写作原则,内容上更注重实际操作性,会计初学者通过本书的学习,能及时更新理念、熟练掌握最新法律、法规的精髓和实质,更好地为企业财务工作服务。

二、实用性强

本书从实际工作的需要出发,案例全部来源于实际工作中的常见业务,没有长篇的理论知识讲解,而是以"实用"为目标,一目了然地向读者展现财务工作内容的"全貌"。因此,本书通俗易懂,财务初学者即学就能即用。

三、操作性强

本书结合会计工作的要求和标准,从会计实际工作中所需要掌握的基础财会知识入手,详细介绍了工作中要了解的基础财会知识,对单位的资产、负债、所有者权益、收入、费用、利润和财务报表等知识进行了全面系统的阐述。

四、"老会计"带"新会计"写作模式

本书采用老会计带新会计的写作模式,来讲述实际工作中做账的方法、技巧及其注意事项。通过这种方式,财务人员可以借鉴老会计多年的工作经验,能把实践会计知识和操作技巧变成自己的,从而快速成为一名合格的、优秀的会计工作者。

本书内容具体、结构严谨,是一位会计前辈多年工作经验的积累,相信通过本书的阅读定能为财务人员如何做账起到辅导、帮教的作用。但由于作者学识、编写时间等方面的原因,书中若有不足之处,还请大家批评指正。

编　者

目 录 CONTENTS

第一章 货币资金的核算 ·· 1
 货币资金核算要点 ·· 1
  一、需要掌握的概念 ·· 1
  二、法律、法规链接 ·· 1
  三、需要设置的账户及其账户的用途 ··· 3
 经济业务实例 ·· 3
 记账凭证的填制 ··· 4
 会计账簿的登记 ·· 12
  一、现金日记账的登记 ·· 12
  二、现金总账的登记 ··· 13
  三、银行存款日记账的登记 ··· 14
  四、其他货币资金明细账 ·· 15
 老会计点拨 ·· 15
  一、注重库存现金的管理 ·· 16
  二、注重银行存款的管理 ·· 16

第二章 应收款项的核算 ·· 17
 应收款项核算要点 ·· 17
  一、需要掌握的概念 ··· 17
  二、需要设置的账户及其账户的用途 ··· 18
 经济业务实例 ··· 19

记账凭证的填制 …………………………………………………… 20
　　会计账簿的登记 …………………………………………………… 29
　　　　一、应收账款明细账的登记 ………………………………… 29
　　　　二、应收票据明细账的登记 ………………………………… 30
　　　　三、预付账款明细账的登记 ………………………………… 31
　　　　四、其他应收款明细账的登记 ……………………………… 31
　　　　五、应收利息明细账的登记 ………………………………… 33
　　　　六、应收股利明细账的登记 ………………………………… 33
　　老会计点拨 ………………………………………………………… 34
　　　　一、应收票据核算注意事项 ………………………………… 34
　　　　二、应收账款核算注意事项 ………………………………… 35
　　　　三、预付账款核算注意事项 ………………………………… 35
　　　　四、其他应收款核算注意事项 ……………………………… 35
　　　　五、坏账准备的计提 ………………………………………… 36

第三章　存货的核算 …………………………………………………… 38
　　存货核算要点 ……………………………………………………… 38
　　　　一、需要掌握的概念 ………………………………………… 38
　　　　二、需要设置的账户及其账户的用途 ……………………… 38
　　经济业务实例 ……………………………………………………… 39
　　记账凭证的填制 …………………………………………………… 41
　　会计账簿的登记 …………………………………………………… 51
　　　　一、原材料明细账的登记 …………………………………… 52
　　　　二、周转材料明细账登记 …………………………………… 53
　　　　三、库存商品明细账登记 …………………………………… 54
　　老会计点拨 ………………………………………………………… 55
　　　　一、存货的核算方法 ………………………………………… 55
　　　　二、发出存货的计价方法 …………………………………… 56

三、存货的盘点 ………………………………………… 58
　　四、存货的期末计量 ……………………………………… 58

第四章　固定资产的核算 …………………………………… 60
　固定资产核算要点 ………………………………………… 60
　　一、需要掌握的概念 ……………………………………… 60
　　二、需要设置的账户及其账户的用途 …………………… 60
　经济业务实例 ……………………………………………… 60
　记账凭证的填制 …………………………………………… 62
　会计账簿的登记 …………………………………………… 71
　　一、固定资产明细账的登记 ……………………………… 71
　　二、累计折旧账簿的登记 ………………………………… 73
　　三、固定资产清理明细账的登记 ………………………… 73
　老会计点拨 ………………………………………………… 74
　　一、固定资产的初始计量 ………………………………… 74
　　二、固定资产折旧额的计提 ……………………………… 75
　　三、固定资产的处置 ……………………………………… 76
　　四、固定资产的盘点 ……………………………………… 76

第五章　无形资产的核算 …………………………………… 78
　无形资产核算要点 ………………………………………… 78
　　一、需要掌握的概念 ……………………………………… 78
　　二、需要设置的账户及其账户的用途 …………………… 78
　经济业务实例 ……………………………………………… 78
　记账凭证的填制 …………………………………………… 79
　会计账簿的登记 …………………………………………… 83
　　一、无形资产明细账的登记 ……………………………… 83
　　二、累计摊销明细账户的登记 …………………………… 84

三、研发支出明细账的登记 ································ 85
　老会计点拨 ································ 86
　　　一、无形资产的计量 ································ 86
　　　二、无形资产的摊销 ································ 86

第六章　借款的核算 ································ 88
　企业借款核算要点 ································ 88
　　　一、需要掌握的概念 ································ 88
　　　二、需要设置的账户及其账户的用途 ································ 88
　经济业务实例 ································ 88
　记账凭证的填制 ································ 89
　会计账簿的登记 ································ 92
　　　一、短期借款明细账的登记 ································ 92
　　　二、长期借款明细账的登记 ································ 92
　老会计点拨 ································ 93
　　　一、借款费用的确认 ································ 93
　　　二、借款利息的核算 ································ 93

第七章　应付款业务的核算 ································ 95
　应付款核算要点 ································ 95
　　　一、需要掌握的概念 ································ 95
　　　二、需要设置的账户及其账户的用途 ································ 96
　经济业务实例 ································ 97
　记账凭证的填制 ································ 98
　会计账簿的登记 ································ 107
　　　一、应付票据明细账的登记 ································ 107
　　　二、应付账款明细账的登记 ································ 107
　　　三、预收账款明细账的登记 ································ 108

  四、应付职工薪酬明细账的登记 …………………………… 108

  五、应交税费明细账的登记 ………………………………… 109

  六、应付利息明细账的登记 ………………………………… 110

  七、应付股利明细账的登记 ………………………………… 110

 老会计点拨 …………………………………………………………… 111

  一、应付票据核算点拨 ……………………………………… 111

  二、应付账款核算点拨 ……………………………………… 111

  三、预收账款核算点拨 ……………………………………… 111

  四、应付职工薪酬核算点拨 ………………………………… 112

  五、应交税费核算点拨 ……………………………………… 112

第八章 应付债券与长期应付款的核算 …………………………… 115

 应付债券与长期应付款核算要点 …………………………………… 115

  一、需要掌握的概念 ………………………………………… 115

  二、需要设置的账户及其账户的用途 ……………………… 115

 经济业务实例 ………………………………………………………… 115

 记账凭证的填制 ……………………………………………………… 116

 会计账簿的登记 ……………………………………………………… 119

  一、应付债券明细账的登记 ………………………………… 119

  二、长期应付款明细账的登记 ……………………………… 121

 老会计点拨 …………………………………………………………… 122

  一、应付债券核算点拨 ……………………………………… 122

  二、长期应付款核算点拨 …………………………………… 122

第九章 股东权益的核算 …………………………………………… 123

 所有者权益核算要点 ………………………………………………… 123

  一、需要掌握的概念 ………………………………………… 123

  二、需要设置的账户及其账户的用途 ……………………… 123

经济业务实例 …………………………………………………… 124
记账凭证的填制 ………………………………………………… 124
会计账簿的登记 ………………………………………………… 130
  一、实收资本明细账的登记 ………………………………… 130
  二、资本公积明细账的登记 ………………………………… 131
  三、盈余公积明细账的登记 ………………………………… 132
  四、未分配利润明细账的登记 ……………………………… 133
老会计点拨 ……………………………………………………… 134
  一、实收资本核算点拨 ……………………………………… 134
  二、盈余公积核算点拨 ……………………………………… 134
  三、未分配利润核算点拨 …………………………………… 134

第十章　经营成果业务的核算 …………………………………… 136

经营成果业务核算要点 ………………………………………… 136
  一、需要掌握的概念 ………………………………………… 136
  二、需要设置的账户及其账户的用途 ……………………… 137
经济业务实例 …………………………………………………… 139
记账凭证的填制 ………………………………………………… 140
会计账簿的登记 ………………………………………………… 154
  一、主营业务收入明细账的登记 …………………………… 154
  二、其他业务收入明细账登记 ……………………………… 155
  三、营业外收入明细账登记 ………………………………… 156
  四、投资收益明细账登记 …………………………………… 156
  五、主营业务成本明细账登记 ……………………………… 157
  六、其他业务成本明细账登记 ……………………………… 158
  七、营业外支出明细账登记 ………………………………… 158
  八、营业税金及附加明细账登记 …………………………… 159
  九、销售费用明细账登记 …………………………………… 160

- 十、管理费用明细账登记 …… 161
- 十一、财务费用明细账登记 …… 162
- 十二、所得税费用明细账登记 …… 163
- 老会计点拨 …… 164
  - 一、主营业务收入核算点拨 …… 164
  - 二、其他业务收入核算点拨 …… 167
  - 三、营业外收入与营业外支出核算点拨 …… 167
  - 四、期间费用核算点拨 …… 168

第十一章 会计报表的列报 …… 169
- 会计报表列报要点 …… 169
  - 一、主要会计报表 …… 169
  - 二、主要会计报表的格式 …… 170
- 经济业务实例 …… 175
- 会计报表填列 …… 176
- 老会计点拨 …… 182
  - 一、资产负债表填列点拨 …… 182
  - 二、利润表填列点拨 …… 186
  - 三、现金流量表填列点拨 …… 187

第一章 货币资金的核算

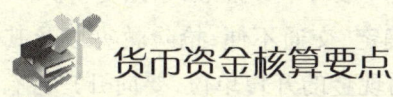
货币资金核算要点

一、需要掌握的概念

货币资金是指企业的生产经营资金在周转过程中暂时停留在货币形态上的那部分资金。企业的货币资金包括库存现金、银行存款和其他货币资金。

库存现金一般是存放在财会部门由出纳人员保管的、用于企业日常零星开支的需要。

银行存款是指企业存放在银行和其他金融机构的货币资金。

其他货币资金是指企业除库存现金、银行存款以外的各种货币资金,如外埠存款、存出投资款、银行本票存款、银行汇票存款、信用证保证金存款、信用卡存款等。

二、法律、法规链接

（一）库存现金

《现金管理暂行条例实施细则》对企业库存现金的使用和管理作出了相应的规定,主要体现在以下几方面。

1. 库存现金限额

开户银行一般是以企业 3 天至 5 天的日常零星开支所需核定企业的库存现金限额。企业处于边远地区和交通不发达地区的,开户银行会考虑适当放宽库存现金的限额,但最多不会超过企业 15 天的日常零星开支。

2. 现金收支业务的办理原则

企业现金收支业务需要按下列规定办理：

（1）开户单位收入现金应于当日送存开户银行,当日送存确有困难的,由开户银行确定送存时间。

(2) 开户单位支付现金,可以从本单位现金库存中支付或者从开户银行提取,不得从本单位的现金收入中直接支付(即坐支)。确实需要坐支现金的,要事先报经开户银行审查批准,由开户银行核定坐支范围和限额。

(3) 企业需要从开户银行提取现金的,应当如实写明用途,由企业财会部门负责人签字盖章,并经开户银行审查批准,予以支付。

(4) 因采购地点不确定、交通不便、抢险救灾以及其他特殊情况,办理转账结算不够方便,必须使用现金的开户单位,要向开户银行提出书面申请,由财会部门负责人签字盖章,开户银行审查批准后,予以支付现金。

3. 库存现金的使用

企业之间的经济往来必须通过银行进行转账结算。根据国家有关规定,企业只可在下列范围内使用现金:

(1) 职工工资、各种工资性津贴。

(2) 个人劳务报酬。

(3) 支付给个人的各种奖金,包括根据国家规定颁发给个人的各种科学技术、文化艺术、体育等奖金。

(4) 各种劳保、福利费用以及国家规定的对个人的其他现金支出。

(5) 收购单位向个人收购农副产品和其他物资支付的价款。

(6) 出差人员必须随身携带的差旅费。

(7) 结算起点以下的零星支出(结算起点为1 000元,需要增加时由中国人民银行总行确定后,报国务院备案)。

(8) 因采购地点不确定、交通不便、抢险救灾以及其他特殊情况,办理转账结算不够方便,必须使用现金的开户单位,要向开户银行提出书面申请,由本单位财会部门负责人签字盖章,开户银行审查批准后,予以支付现金。

4. 企业现金管理"八不准"

《现金管理暂行条例实施细则》明确规定企业不得有下列行为:

(1) 不准用不符合财务制度的凭证顶替库存现金。

(2) 不准单位之间相互借用现金。

(3) 不准谎报用途套取现金。

(4) 不准利用银行账户代其他单位和个人存入或支取现金。

(5) 不准将单位收入的现金以个人名义存入银行。
(6) 不准私设"小金库",即不能保留账外公款。
(7) 禁止发行变相货币。
(8) 不准以任何票券代替人民币在市场上流通。

（二）银行存款

企业办理银行存款业务时,应严格执行银行结算制度的规定。银行结算制度和结算方法可参见中国人民银行发布的《支付结算办法》。

三、需要设置的账户及其账户的用途

为了核算与企业货币资金相关的经济业务,需要设置下列账户。

（一）设置"库存现金"账户

"库存现金"账户的借方登记企业库存现金增加的金额;贷方登记企业库存现金减少的金额;期末余额在借方,反映企业实际持有的现金金额。

（二）设置"银行存款"账户

"银行存款"账户的借方登记企业银行存款增加的金额;贷方登记企业银行存款减少的金额;期末余额在借方,反映企业在银行和其他金融机构实存的金额。

（三）设置"其他货币资金"账户

"其他货币资金"账户的借方登记企业其他货币资金增加的金额;贷方登记企业其他货币资金减少的金额;期末余额在借方,反映企业实际持有的其他货币资金的金额。本账户可根据其他货币资金的种类设置明细账户。

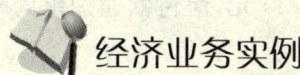 经济业务实例

江西长青股份有限公司 2010 年 1 月份发生的与货币资金相关的业务如下:

(1) 1 日,从银行提取现金 6 000 元。
(2) 5 日,用银行存款支付 A 公司上月货款 58 500 元。

(3) 6日,行政部报销费用1 800元,其中:购办公用品500元,业务招待费用700元,差旅费600元。销售部报销费用2 400元,其中:购办公用品400元,办公室电话费1 200元,差旅费800元。以上零星费用通过库存现金支付。

(4) 12日,以银行存款支付电费6 000元,其中:行政部耗用电费550元,销售部耗用电费450元,生产部耗用电费5 000元。

(5) 15日,从银行提取120 000元现金用于发放职工上月工资,并于当天全部发放完毕。

(6) 20日,向证券公司转入100 000元投资款,用于投资。

(7) 24日,行政部主管蔡鹏借支差旅费1 500元。

(8) 28日,因需要到外地采购材料,汇往采购地采购专户的款项为60 000元;销售A产品取得货款93 600元存入银行,其中产品的价款为80 000元,增值税额为13 600元;蔡鹏出差归来,报销差旅费1 450元,并交还剩余借支款50元。

(9) 31日,盘点现金时,发现实存现金的金额比账上记载的金额少了200元,经查明原因,是由于出纳员自身的原因造成的,由其负责赔偿。

(10) 拿到银行对账单后,发现银行对账单上的余额与银行日记账上的余额不相符。银行对账单上的余额为41 500元,银行存款日记账上的余额为27 000元。经查,造成两者不符的原因为:30日,将销售商品所取的货款转账支票29 500元送达银行,企业已登记银行存款的增加,但银行尚未登记入账;30日,企业购入材料后开出转账支票22 000元,企业已登记银行存款的减少,但持票单位尚未到银行办理转账业务,银行尚未登记入账;31日,企业委托银行代收的货款24 000元银行已收到,但银行收款通知单尚未送达企业,企业没有登记入账;31日,银行代扣企业水费2 000元,但付款通知单尚未送到企业,企业没有登记入账。

记账凭证的填制

会计人员根据以上业务所取得的合法原始单据在记账凭证上填制会计分录。

1. 1日

记 账 凭 证

2010年1月1日　　　　　　　　　　　字第××号

摘　要	一级科目	明细科目	记账√	借方金额	贷方金额
提现	库存现金			6 000.00	
提现	银行存款				6 000.00
合　计				6 000.00	6 000.00

附件×张

会计主管　张重德　　记账　毛书平　　出纳　李文莲　　审核　黄小芳　　制单　顾玲玲

2. 5日

记 账 凭 证

2010年1月5日　　　　　　　　　　　字第××号

摘　要	一级科目	明细科目	记账√	借方金额	贷方金额
付A公司货款	应付账款	A公司		58 500.00	
付A公司货款	银行存款				58 500.00
合　计				58 500.00	58 500.00

附件×张

会计主管　张重德　　记账　毛书平　　出纳　李文莲　　审核　黄小芳　　制单　顾玲玲

3. 6日

1) 行政部报销费用时

记 账 凭 证

2010年1月6日　　　　　　　　　　　字第××号

摘　要	一级科目	明细科目	记账√	借方金额	贷方金额
行政部购办公用品开支	管理费用	办公费		500.00	
行政部报业务招待费开支	管理费用	招待费		700.00	
行政部报差旅费开支	管理费用	差旅费		600.00	
行政部办公费、招待费、差旅费开支	库存现金				1 800.00
合　　　计				1 800.00	1 800.00

附件×张

会计主管　张重德　　记账　毛书平　　出纳　李文莲　　审核　黄小芳　　制单　顾玲玲

2) 销售部报销费用时

记 账 凭 证

2010年1月6日　　　　　　　　　　　字第××号

摘　要	一级科目	明细科目	记账√	借方金额	贷方金额
销售部购办公用品开支	销售费用	办公费		400.00	
销售部电话费开支	销售费用	邮电费		1 200.00	
销售部报差旅费开支	销售费用	差旅费		800.00	
销售部办公费、电话费、差旅费开支	库存现金				2 400.00
合　　　计				2 400.00	2 400.00

附件×张

会计主管　张重德　　记账　毛书平　　出纳　李文莲　　审核　黄小芳　　制单　顾玲玲

4. 12日

记 账 凭 证

2010年1月12日　　　　　　　　　　　字第××号

摘 要	一级科目	明细科目	记账√	借方金额	贷方金额
行政部电费开支	管理费用	电费		550.00	
销售部电费开支	销售费用	电费		450.00	
生产部电费开支	制造费用	电费		5 000.00	
付电费	银行存款				6 000.00
合　计				6 000.00	6 000.00

附件×张

会计主管　张宝德　　记账　毛书平　　出纳　李文莲　　审核　黄小芳　　制单　顾玲玲

5. 15日

1) 从银行提取现金时

记 账 凭 证

2010年1月15日　　　　　　　　　　　字第××号

摘　要	一级科目	明细科目	记账√	借方金额	贷方金额
提现	库存现金			120 000.00	
提现	银行存款				120 000.00
合　计				120 000.00	120 000.00

附件×张

会计主管　张宝德　　记账　毛书平　　出纳　李文莲　　审核　黄小芳　　制单　顾玲玲

2) 当日发放工资时

记 账 凭 证

2010年1月15日　　　　　　　　　　　字第××号

摘　要	一级科目	明细科目	记账√	借方金额	贷方金额
发放职工上月工资	应付职工薪酬			120 000.00	
发放职工上月工资	库存现金				120 000.00
合　　　计				120 000.00	120 000.00

会计主管　张重德　　记账　毛书平　　出纳　李文莲　　审核　黄小芳　　制单　顾玲玲

6. 20日

记 账 凭 证

2010年1月20日　　　　　　　　　　　字第××号

摘　要	一级科目	明细科目	记账√	借方金额	贷方金额
证券公司投资款	其他货币资金	存出投资款		100 000.00	
转入证券公司投资款	银行存款				100 000.00
合　　　计				100 000.00	100 000.00

会计主管　张重德　　记账　毛书平　　出纳　李文莲　　审核　黄小芳　　制单　顾玲玲

7. 24日

记 账 凭 证

2010年1月24日　　　　　　　　　　字第××号

摘　要	一级科目	明细科目	记账√	借方金额	贷方金额
蔡鹏借差旅费	其他应收款	蔡鹏		1 500.00	
蔡鹏借差旅费	库存现金				1 500.00
合　　计				1 500.00	1 500.00

附件×张

会计主管　张雪德　记账　毛书平　出纳　李文莲　审核　黄小芳　制单　顾玲玲

8. 28日

1) 办理外埠存款业务时

记 账 凭 证

2010年1月28日　　　　　　　　　　字第××号

摘　要	一级科目	明细科目	记账√	借方金额	贷方金额
采购专户存款	其他货币资金	外埠存款		6 000.00	
采购专户存款	银行存款				6 000.00
合　　计				6 000.00	6 000.00

附件×张

会计主管　张雪德　记账　毛书平　出纳　李文莲　审核　黄小芳　制单　顾玲玲

2) A产品货款存入时

记 账 凭 证

2010年1月28日　　　　　　　　　　　字第××号

摘　要	一级科目	明细科目	记账√	借方金额	贷方金额
A产品货款存入	银行存款			93 600.00	
A产品销售收入1.28%	主营业务收入				80 000.00
销售A产品应交税费	应交税费	应交增值税（销项税额）			13 600.00
合　计				93 600.00	93 600.00

附件×张

会计主管　张玺德　　记账　毛书平　　出纳　李文莲　　审核　黄小芳　　制单　顾玲玲

3) 蔡鹏报销差旅费时

记 账 凭 证

2010年1月28日　　　　　　　　　　　字第××号

摘　要	一级科目	明细科目	记账√	借方金额	贷方金额
蔡鹏归还剩余差旅费借支款	库存现金			50.00	
蔡鹏报差旅费开支	管理费用	差旅费		1 450.00	
蔡鹏归还差旅费借支款	其他应收款	蔡鹏			1 500.00
合　计				1 500.00	1 500.00

附件×张

会计主管　张玺德　　记账　毛书平　　出纳　李文莲　　审核　黄小芳　　制单　顾玲玲

9. 31日

1) 发现库存现金短缺时

记 账 凭 证

2010年1月31日　　　　　　　　　　　　字第××号

摘　要	一级科目	明细科目	记账√	借方金额	贷方金额	
现金短缺款	待处理财产损溢	待处理流动资产损溢		200.00		附件×张
现金短缺款	库存现金				200.00	
合　计				200.00	200.00	

会计主管　张宝德　　记账　毛书平　　出纳　李文莲　　审核　黄小芳　　制单　顾玲玲

2) 查明原因后，由出纳人员赔偿

记 账 凭 证

2010年1月31日　　　　　　　　　　　　字第××号

摘　要	一级科目	明细科目	记账√	借方金额	贷方金额	
李文莲赔偿现金短缺款	其他应收款	李文莲		200.00		附件×张
李文莲负责赔偿现金短缺款	待处理财产损溢	待处理流动资产损溢			200.00	
合　计				200.00	200.00	

会计主管　张宝德　　记账　毛书平　　出纳　李文莲　　审核　黄小芳　　制单　顾玲玲

10. 银行存款日记账与对账单

发现银行对账单与银行存款日记账不相符是由于记账时间差异造成的,应编制银行存款调节表来核对账目记录是否正确,如表1-1所示。

表1-1　银行存款余额调节表　　　　　　　　　　　　　单位:元

项　目	金　额	项　目	金　额
银行存款日记账	973 000.00	银行对账单余额	980 000.00
加:银行已收款、企业尚未登记款项增加	24 000.00	加:企业已登记增加、银行尚未记账	21 000.00
减:银行已付款、企业尚未登记款项减少	2 000.00	减:企业已登记减少、银行尚未记账	6 000.00
调节后银行存款的余额	995 000.00	调节后银行存款的余额	995 000.00

会计账簿的登记

1月份,根据会计凭证登记的货币资金类的账簿如下。

一、现金日记账的登记

现　金　日　记　账

2010年		凭证号数	摘　要	对应科目	借　方	贷　方	借或贷	余　额
月	日							
1	1	(略)	上年结转				借	600.00
	1		提现1.1#	银行存款	6 000.00		借	6 600.00
	6		行政部办公费、招待费、差旅费开支	管理费用		1 800.00		
	6		销售部办公费、电话费、差旅费开支	销售费用		2 400.00	借	2 400.00
	15		提现1.15#	银行存款	120 000.00		借	122 400.00

（续表）

2010年		凭证号数	摘　要	对应科目	借　方	贷　方	借或贷	余　额
月	日							
1	15		发放职工上月工资	应付职工薪酬		120 000.00	借	2 400.00
	24		蔡鹏借差旅费1.24#	其他应收款		1 500.00	借	900.00
	28		蔡鹏归还剩余差旅费借支款	其他应收款	50.00		借	950.00
	31		现金短缺款	待处理财产损溢		200.00	借	750.00
1	31		本月合计		126 050.00	125 900.00	借	750.00
			本年累计		126 050.00	125 900.00		

二、现金总账的登记

现金总分类账

2010年		凭证号数	摘要	对应科目	借　方	贷　方	借或贷	余　额
月	日							
1	1		上年结转				借	600.00
1	31	1~××	本月合计		126 050.00	125 900.00	借	750.00
			本年累计		126 050.00	125 900.00		

会计账户各总分类账的登记方法、格式与现金总分类账的登记方法、格式相同,在后面账簿的登记过程中,就不再列示相关账户总分类账的登记情况。

三、银行存款日记账的登记

银行存款日记账

2010年		凭证号数	摘要	对应科目	借方	贷方	借或贷	余额
月	日							
1	1	(略)	上年结转				借	1 175 900.00
	1		提现1.1#	库存现金		6 000.00	借	1 169 900.00
	5		付A公司货款1.5#	应付账款		58 500.00	借	1 111 400.00
	12		付电费1.12#	制造费用等		6 000.00	借	1 105 400.00
	15		提现1.15#	库存现金		120 000.00	借	985 400.00
	20		转入证券公司投资款1.20#	其他货币资金		100 000.00	借	885 400.00
	28		采购专户存款1.28#	其他货币资金		6 000.00	借	879 400.00
	28		A产品货款存入	主营业务收入等	93 600.00		借	973 000.00
1	31		本月合计		93 600.00	296 500.00	借	973 000.00
			本年累计		93 600.00	296 500.00		

四、其他货币资金明细账

明细分类账

会计科目 <u>其他货币资金</u>
明细科目 <u>存出投资款</u>

2010年		凭证号数	摘要	对应科目	借方	贷方	借或贷	余额
月	日							
1	20	××	转入证券公司投资款1.20#	银行存款	100 000.00		借	100 000.00
1	31		本月合计		100 000.00		借	100 000.00
			本年累计		100 000.00			

明细分类账

会计科目 <u>其他货币资金</u>
明细科目 <u>外埠存款</u>

2010年		凭证号数	摘要	对应科目	借方	贷方	借或贷	余额
月	日							
1	28	××	采购专户存款1.28#	银行存款	6 000.00		借	6 000.00
1	31		本月合计		6 000.00		借	6 000.00
			本年累计		6 000.00			

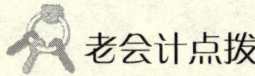

老会计点拨

由于货币资金是流动性和支付能力最强的资产,财务部应加强其管理,并严格按照《现金管理暂行条例》和《支付结算办法》等规定办理相关业务的收付。

一、注重库存现金的管理

出纳人员应根据审核无误的收付记账凭证，按照经济业务发生的先后顺序逐日逐笔进行登记；每日工作终了时要及时清点现金，并与现金日记账余额进行核对，会计主管人员还应进行定期与不定期的复核性清查盘点。

库存现金盘点的结果有以下三种：

第一种：库存现金实存数与账面结存数相符，在没有差错的情况下，两者的结存金额应该相符。

第二种：库存现金盘盈，即库存现金实存数多出账面结存数。在这种情况下，会计人员做账程序分两步：第一步，发现库存现金盘盈时，借记"库存现金"科目，贷记"待处理财产损溢"科目。第二步，查明原因后，如属于记账差错，会计人员应及时改正；如果无法查明原因的，经批准后，应作为企业的营业外收入入账，即借记"待处理财产损溢"科目，贷记"营业外收入"科目。

第三种：库存现金盘亏，即库存现金实存数少于账面结存数。会计人员做账程序也应分两步：第一步，发现库存现金盘亏时，借记"待处理财产损溢"科目，贷记"库存现金"科目。第二步，查明原因后，如属于记账差错，会计人员应及时改正；如果无法查明原因的，经批准后，应记入当期损益科目，即借记"管理费用"科目，贷记"待处理财产损溢"科目；如果是出纳人员的责任由其赔偿的，或可从保险公司得到赔偿的，借记"其他应收款"科目，贷记"待处理财产损溢"科目。

二、注重银行存款的管理

对银行存款的收付款业务，出纳人员应及时与银行进行对账，由会计主管每月进行一次复核性核对，对于未达账项要编制"银行存款余额调节表"来核对账目。但需要注意的是，"银行存款余额调节表"只是作为核对账目之用，不能作为调整银行存款账面余额的原始凭证。

第二章　应收款项的核算

应收款项核算要点

一、需要掌握的概念

企业应收款项是企业在日常生产经营过程中发生的各种债权，是企业重要的流动资产，它反映了企业拥有的将来获取现款、商品或劳动的权利。企业应收款项主要包括以下几项。

（一）应收票据

应收票据是指企业因销售商品、提供劳务等经营活动而收到的商业汇票，具体包括商业承兑汇票和银行承兑汇票。

（二）应收账款

应收账款是指企业因销售商品、提供劳务等经营活动而向购货单位、接受劳务的单位应收但尚未收取的款项。

（三）预付账款

预付账款是指企业按照合同或协议的规定向对方单位预付的款项。

（四）应收利息

应收利息是指企业因债权投资而应收取的1年内到期的利息，如交易性金融资产、持有至到期投资、可供出售金融资产等应收取但尚未收到的利息。

（五）应收股利

应收股利是指企业因股权投资而应收取的现金股利以及应收其他单位的利润，如企业购入股票实际支付的款项中所包括的已宣告发放但尚未领取的现金股利、企业因对外投资应分得的现金股利或利润等。

（六）其他应收款

其他应收款是指企业除应收票据、应收账款、预付账款、应收利息、应收股利以外的其他各种应收暂付款项。

二、需要设置的账户及其账户的用途

为了核算企业应收款项相关的经济业务，需要设置下列账户。

（一）设置"应收票据"账户

"应收票据"账户的借方登记企业收到的商业汇票的金额，贷方登记收回的到期商业汇票金额，期末余额在借方，反映了企业持有的商业汇票金额。

（二）设置"应收账款"账户

"应收账款"账户的借方登记企业销售商品、提供劳务等应收但尚未收取的款项，贷方登记应收款项收回的金额。其期末余额若在借方，反映了企业应收未收的款项；期末余额若在贷方，则反映了企业预收款项金额。

（三）设置"预付账款"账户

"预付账款"账户的借方登记企业向外单位预付款项的金额，贷方登记企业收到货物后结转的预付款金额。其期末余额若在借方，反映企业向外单位实际预付的款项；期末余额若在贷方，则反映企业采购货物后，预付款不够而应补付的款项。

（四）设置"应收利息"账户

"应收利息"账户的借方登记企业应收尚未收到的利息，贷方登记收到的利息，期末余额在借方，反映企业应收未收的利息金额。

（五）设置"应收股利"账户

"应收股利"账户的借方登记企业应收尚未收到的现金股利或利润，贷方登记收到的现金股利或利润，期末余额在借方，反映企业尚未收回的现金股利或利润。

（六）设置"其他应收款"账户

"其他应收款"账户的借方登记企业发生的其他各种应收、暂付款项，贷方登记收回的各种其他应收、暂付款项，期末余额在借方，反映企业尚未收回的各种其他应收、暂付款项。

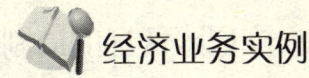# 经济业务实例

江西长青股份有限公司2010年2月份发生的与应收款相关的业务如下：

（1）2日，向B公司销售一批甲产品，增值税专用发票上注明甲产品价款为50 000元，增值税额为8 500元。购销合同中付款条款注明为"2/10，1/20，n/30"。

（2）3日，向C公司支付购买丙材料的预付款60 000元；经批准，核销无法收回的Y公司货款4 000元。

（3）5日，从F公司购入作为交易性金融资产的债券，支付价款为105 000元，价款中含有5 000元已经到期但尚未领取的债券利息。

（4）8日，本公司投资的W公司宣布发放现金股利180 000元，其中本公司能取得的现金股利为6 000元。

（5）10日，向B公司支付包装物押金1 500元；收到B公司转来的本月2日购买的甲产品货款57 330元。

（6）12日，用转账支票为职工代付水费800元、电费1 200元；已确认并转销的Z公司坏账损失5 000元又收回，并已存入开户行。

（7）15日，核定销售部备用金定额为5 000元，以现金拨付，交由销售部李好保管；销售甲产品一批，收到购货方D公司开来的35 100元的商业汇票一张，其中，甲产品货款为30 000元，增值税额为5 100元。

（8）20日，收到C公司发来的丙材料，增值税专用发票上注明丙材料的价款为50 000元，增值税额为8 500元。并于当日收到C公司退回的、多预付的货款。

（9）22日，收到本月5日交易性金融资产中包含的债券利息5 000元；收到W公司发放的现金股利6 000元。D公司上年12月22日开出的商业汇票到期，收到票据到期款80 000元。

（10）28日，本月末"应收账款"账户的借方余额为450 000元，月初"坏账准备"账户的余额为2 000元。已知本公司是按应收账款余额的5‰计提坏账准备的。

记账凭证的填制

1. 2日

记 账 凭 证

2010年2月2日　　　　　　　　字第××号

摘　　要	一级科目	明细科目	记账√	借方金额	贷方金额
应收B公司甲产品货款	应收账款	B公司		58 500.00	
销售甲产品一批	主营业务收入	甲产品			50 000.00
甲产品增值税款	应交税费	应交增值税（销项税额）			8 500.00
合　　计				58 500.00	58 500.00

附件×张

会计主管　张玺德　　记账　毛书平　　出纳　李文莲　　审核　黄小芳　　制单　顾玲玲

2. 3日

1) 预付C公司材料款时

记 账 凭 证

2010年2月3日　　　　　　　　字第××号

摘　　要	一级科目	明细科目	记账√	借方金额	贷方金额
预付C公司材料款	预付账款	C公司		60 000.00	
预付C公司材料款	银行存款				60 000.00
合　　计				60 000.00	60 000.00

附件×张

会计主管　张玺德　　记账　毛书平　　出纳　李文莲　　审核　黄小芳　　制单　顾玲玲

2）核销 Y 公司坏账损失时

记 账 凭 证

2010 年 2 月 3 日 字第××号

摘　　要	一级科目	明细科目	记账√	借方金额	贷方金额
核销 Y 公司无法收回的货款	坏账准备			4 000.00	
核销 Y 公司无法收回的货款	应收账款	Y 公司			4 000.00
合　　计				4 000.00	4 000.00

附件×张

会计主管　张宝德　　记账　毛书平　　出纳　李文莲　　审核　黄小芳　　制单　顾玲玲

3. 5 日

记 账 凭 证

2010 年 2 月 5 日 字第××号

摘　　要	一级科目	明细科目	记账√	借方金额	贷方金额
购入债券	交易性金融资产			100 000.00	
购入债券中包含债券利息2.5#	应收利息	F 公司		5 000.00	
购债券款	银行存款				105 000.00
合　　计				105 000.00	105 000.00

附件×张

会计主管　张宝德　　记账　毛书平　　出纳　李文莲　　审核　黄小芳　　制单　顾玲玲

4. 8日

记 账 凭 证

2010年2月8日　　　　　　　　　字第××号

摘　　要	一级科目	明细科目	记账√	借方金额	贷方金额
W公司宣布发放现金股利	应收股利	W公司		6 000.00	
W公司宣布发放现金股利	长期股权投资	损益调整			6 000.00
合　　计				6 000.00	6 000.00

附件×张

会计主管　张重德　　记账　毛书平　　出纳　李文莲　　审核　黄小芳　　制单　顾玲玲

5. 10日

1) 支付包装物押金时

记 账 凭 证

2010年2月10日　　　　　　　　字第××号

摘　　要	一级科目	明细科目	记账√	借方金额	贷方金额
支付B公司包装物押金	其他应收款	B公司		1 500.00	
支付B公司包装物押金	银行存款				1 500.00
合　　计				1 500.00	1 500.00

附件×张

会计主管　张重德　　记账　毛书平　　出纳　李文莲　　审核　黄小芳　　制单　顾玲玲

2) 收到 B 公司转来的货款时

记 账 凭 证

2010年2月10日　　　　　　　　　字第××号

摘　　要	一级科目	明细科目	记账√	借方金额	贷方金额
B公司交来货款存入	银行存款			57 330.00	
B公司享受2%的现金折扣优惠	财务费用	利息		1 170.00	
收到B公司货款	应收账款	B公司			58 500.00
合　　计				58 500.00	58 500.00

附件×张

会计主管　张雪德　　记账　毛书平　　出纳　李文莲　　审核　黄小芳　　制单　顾玲玲

6. 12日

1) 为职工代付水电费时

记 账 凭 证

2010年2月12日　　　　　　　　　字第××号

摘　　要	一级科目	明细科目	记账√	借方金额	贷方金额
为职工代付水费	其他应收款	水电费		800.00	
为职工代付电费	其他应收款	水电费		1 200.00	
为职工代付水费和电费	银行存款				2 000.00
合　　计				2 000.00	2 000.00

附件×张

会计主管　张雪德　　记账　毛书平　　出纳　李文莲　　审核　黄小芳　　制单　顾玲玲

2) 确认的坏账损失又收回时

记 账 凭 证

2010年2月12日　　　　　　　　　　　　字第××号

摘 要	一级科目	明细科目	记账 √	借方金额	贷方金额
坏账收回	应收账款	Z公司		5 000.00	
确认Z公司的坏账收回	坏账准备				5 000.00
合　　计				5 000.00	5 000.00

附件×张

会计主管　张宝德　　记账　毛书平　　出纳　李文莲　　审核　黄小芳　　制单　顾玲玲

记 账 凭 证

2010年2月12日　　　　　　　　　　　　字第××号

摘 要	一级科目	明细科目	记账 √	借方金额	贷方金额
Z公司货款存入	银行存款			5 000.00	
收回Z公司货款	应收账款	Z公司			5 000.00
合　　计				5 000.00	5 000.00

附件×张

会计主管　张宝德　　记账　毛书平　　出纳　李文莲　　审核　黄小芳　　制单　顾玲玲

7. 15 日

1) 拨付备用金时

记 账 凭 证

2010 年 2 月 15 日　　　　　　　　　　　　字第××号

摘　要	一级科目	明细科目	记账√	借方金额	贷方金额
销售部备用金	其他应收款	备用金(李好)		5 000.00	
拨付销售部备用金	库存现金				5 000.00
合　　计				5 000.00	5 000.00

附件×张

会计主管　张重德　　记账　毛书平　　出纳　李文莲　　审核　黄小芳　　制单　顾玲玲

2) 销售甲产品时

记 账 凭 证

2010 年 2 月 15 日　　　　　　　　　　　　字第××号

摘　要	一级科目	明细科目	记账√	借方金额	贷方金额
D公司开出商业汇票2.15#	应收票据			35 100.00	
甲产品销售收入	主营业务收入				30 000.00
甲产品销项税额	应交税费	应交增值税(销项税额)			5 100.00
合　　计				35 100.00	35 100.00

附件×张

会计主管　张重德　　记账　毛书平　　出纳　李文莲　　审核　黄小芳　　制单　顾玲玲

8. 20日

1) 收到C公司发来的材料时

记 账 凭 证

2010年2月20日　　　　　　　　　　　字第××号

摘　　要	一级科目	明细科目	记账√	借方金额	贷方金额
收到C公司发来的丙材料	原材料	丙材料		50 000.00	
丙材料进项税额	应交税费	应交增值税（进项税额）		8 500.00	
收到C公司发来的丙材料	预付账款	C公司			58 500.00
合　　计				58 500.00	58 500.00

附件×张

会计主管　张宝德　　记账　毛书平　　出纳　李文莲　　审核　黄小芳　　制单　顾玲玲

2) 收到C公司退回的、多预付的货款时

记 账 凭 证

2010年2月20日　　　　　　　　　　　字第××号

摘　　要	一级科目	明细科目	记账√	借方金额	贷方金额
C公司退回预付款	银行存款			1 500.00	
C公司退回预付款	预付账款	C公司			1 500.00
合　　计				1 500.00	1 500.00

附件×张

会计主管　张宝德　　记账　毛书平　　出纳　李文莲　　审核　黄小芳　　制单　顾玲玲

9. 22 日

1）收到债券利息时

记 账 凭 证

2010 年 2 月 22 日　　　　　　　　　字第××号

摘　　要	一级科目	明细科目	记账√	借方金额	贷方金额
债券利息存入	银行存款			5 000.00	
收到 5 日交易性金融资产中包含的债券利息	应收利息	F 公司			5 000.00
合　　计				5 000.00	5 000.00

附件×张

会计主管　张宝德　　记账　毛书平　　出纳　李文莲　　审核　黄小芳　　制单　顾玲玲

2）收到 W 公司发放的现金股利时

记 账 凭 证

2010 年 2 月 22 日　　　　　　　　　字第××号

摘　　要	一级科目	明细科目	记账√	借方金额	贷方金额
W 公司发放的现金股利存入	银行存款			6 000.00	
W 公司发放的现金股利存入	应收股利	W 公司			6 000.00
合　　计				6 000.00	6 000.00

附件×张

会计主管　张宝德　　记账　毛书平　　出纳　李文莲　　审核　黄小芳　　制单　顾玲玲

3）D公司商业汇票到期时

记 账 凭 证

2010年2月22日　　　　　　　　　字第××号

摘　要	一级科目	明细科目	记账√	借方金额	贷方金额
2009年12月22日票据到期	银行存款			80 000.00	
2009年12月22日票据到期	应收票据				80 000.00
合　计				80 000.00	80 000.00

附件×张

会计主管　张宝德　　记账　毛书平　　出纳　李文莲　　审核　黄小芳　　制单　顾玲玲

10. 28日

记 账 凭 证

2010年2月28日　　　　　　　　　字第××号

摘　要	一级科目	明细科目	记账√	借方金额	贷方金额
计提坏账准备（450 000×5‰－2 000）	资产减值损失			250.00	
计提坏账准备（450 000×5‰－2 000）	坏账准备				250.00
合　计				250.00	250.00

附件×张

会计主管　张宝德　　记账　毛书平　　出纳　李文莲　　审核　黄小芳　　制单　顾玲玲

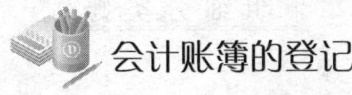 会计账簿的登记

2月份,根据会计凭证登记的应收款项的账簿如下。

一、应收账款明细账的登记

明 细 分 类 账

会计科目 <u>应收账款</u>
明细科目 <u>B公司</u>

2010年		凭证号数	摘要	对应科目	借方	贷方	借或贷	余额
月	日							
1	31	(略)	本月合计		200 500.00	80 000.00	借	120 500.00
			本年累计		200 500.00	80 000.00		
2	2		应收B公司甲产品货款	主营业务收入 应交税费	58 500.00		借	179 000.00
2	10		收到B公司货款	银行存款 财务费用		58 500.00	借	120 500.00
2	28		本月合计		58 500.00	58 500.00	借	120 500.00
			本年累计		259 000.00	138 500.00		

明 细 分 类 账

会计科目 <u>应收账款</u>
明细科目 <u>Y公司</u>

2010年		凭证号数	摘要	对应科目	借方	贷方	借或贷	余额
月	日							
1	1	(略)	上年结转				借	4 000.00
2	3		核销Y公司无法收回的货款	坏账准备		4 000.00	平	-0-
2	28		本月合计			4 000.00	平	-0-
			本年累计			4 000.00		

明 细 分 类 账

会计科目　<u>应收账款</u>
明细科目　<u>Z公司</u>

2010年		凭证号数	摘要	对应科目	借方	贷方	借或贷	余额
月	日							
2	12	（略）	确认Z公司的坏账收回	坏账准备	5 000.00			
	12		收回Z公司货款	银行存款		5 000.00	平	-0-
2	28		本月合计		5 000.00	5 000.00	平	-0-
			本年累计		5 000.00	5 000.00		

二、应收票据明细账的登记

明 细 分 类 账

会计科目　<u>应收票据</u>
明细科目　<u>D公司</u>

2010年		凭证号数	摘要	对应科目	借方	贷方	借或贷	余额
月	日							
1	1	（略）	上年结转				借	80 000.00
2	15		D公司开出商业汇票2.15#	主营业务收入 应交税费	35 100.00		借	115 100.00
	22		D公司2009年12月22日票据到期	银行存款		80 000.00	借	35 100.00
2	28		本月合计		35 100.00	80 000.00	借	35 100.00
			本年累计		35 100.00	80 000.00		

三、预付账款明细账的登记

明 细 分 类 账

会计科目 <u>预付账款</u>
明细科目 <u>C公司</u>

2010年		凭证号数	摘要	对应科目	借方	贷方	借或贷	余额
月	日							
2	3	(略)	预付C公司材料款	银行存款	60 000.00		借	60 000.00
	20		收到C公司发来的丙材料	原材料 应交税费		58 500.00		
	20		C公司退回预付款	银行存款		1 500.00	平	-0-
2	28		本月合计		60 000.00	60 000.00	平	-0-
			本年累计		60 000.00	60 000.00		

四、其他应收款明细账的登记

明 细 分 类 账

会计科目 <u>其他应收款</u>
明细科目 <u>B公司</u>

2010年		凭证号数	摘要	对应科目	借方	贷方	借或贷	余额
月	日							
2	10	(略)	支付B公司包装物押金	银行存款	1 500.00		借	1 500.00
2	28		本月合计		1 500.00		借	1 500.00
			本年累计		1 500.00			

明 细 分 类 账

会计科目　<u>其他应收款</u>
明细科目　<u>水电费</u>

2010年		凭证号数	摘　要	对应科目	借　方	贷　方	借或贷	余　额
月	日							
2	12	（略）	为职工代付水费	银行存款	800.00			
	12		为职工代付电费	银行存款	1 200.00		借	2 000.00
2	28		本月合计		2 000.00		借	2 000.00
			本年累计		2 000.00			

明 细 分 类 账

会计科目　<u>其他应收款</u>
明细科目　<u>备用金（李好）</u>

2010年		凭证号数	摘　要	对应科目	借　方	贷　方	借或贷	余　额
月	日							
2	15	（略）	拨付销售部门备用金	库存现金	5 000.00		借	5 000.00
2	28		本月合计		5 000.00		借	5 000.00
			本年累计		5 000.00			

五、应收利息明细账的登记

明 细 分 类 账

会计科目　<u>应收利息</u>
明细科目　<u>F 公司</u>

2010年		凭证号数	摘　要	对应科目	借　方	贷　方	借或贷	余　额
月	日							
1	1	（略）	上年结转					1 200.00
2	5		购入债券中包含债券利息2.5#	银行存款	5 000.00		借	6 200.00
	22		收到5日交易性金融资产中包含的债券利息	银行存款		5 000.00	借	1 200.00
2	28		本月合计		5 000.00	5 000.00	借	1 200.00
			本年累计		5 000.00	5 000.00		

六、应收股利明细账的登记

明 细 分 类 账

会计科目　<u>应收股利</u>
明细科目　<u>W 公司</u>

2010年		凭证号数	摘　要	对应科目	借　方	贷　方	借或贷	余　额
月	日							
1	1	（略）	上年结转				借	600.00
2	8		W公司宣布发放现金股利	长期股权投资	6 000.00		借	6 600.00
	22		W公司发放的现金股利存入	银行存款		6 000.00	借	600.00
2	28		本月合计		6 000.00	6 000.00	借	600.00
			本年累计		6 000.00	6 000.00		

老会计点拨

我们都知道,在企业的整个经营业务中,销售是企业主要的经营业务之一,它是决定企业经营收入高低的重要一环。随着市场经济的不断发展,企业为了提高企业产品的销售量,赊销业务的发生在所难免,也是形势所迫。由于赊销业务在企业中普遍存在,这就产生了各种应收账款业务及其应收票据结算方式的运用,它们核算的正确与否将会直接影响企业的营业收入和盈利水平。

在企业的生产经营活动中,除经营性业务产生的应收账款、应收票据这类应收款项之外,还会发生各种应收、暂付款项,如企业各部门使用的备用金、内部职工差旅费借支款、应收保险公司的赔偿款等,这在会计上作为其他应收款来核算。

当企业所采购的物资是紧俏商品,或通过正常途径难以采购到的商品,为满足所需,在这种情况下,企业往往会采取预付货款的方式提前预订商品,这部分预付的货款在会计上作为"预付账款"核算。

企业有闲置资金时,会将其用于债权投资或股权投资,以获取利息或股利来提高企业的收益。已宣布发放但企业尚未收到的利息和股利,在会计上分别是作为应收利息和应收股利来核算的。

总之,企业各种应收款项都是在企业日常的经营活动过程中发生的,属于企业的债权,是企业流动资产的重要组成部分,在核算时应认真、仔细,尤其需要注意以下几点。

一、应收票据核算注意事项

我国商业汇票的付款期限最长不超过 6 个月,根据是否带息可分为带息应收票据和不带息应收票据两种。带息商业汇票到期时,收款人按票据面值和计的利息向承兑人收取货款金额,借记"银行存款"账户,贷记"应收票据(面值)"、"财务费用"账户;不带息商业汇票到期时,计算起来相对简单,只需按票据的票面金额收取就可。

企业将未到期的商业汇票进行贴现时,获得的贴现金额如下:

带息票据贴现可获取的贴现金额 = 票据到期值 − 票据到期值 × 贴现率 × 贴现期限

不带息票据贴现可获取的贴现金额 = 票据到期值 − 面值 × 贴现率 × 贴现期限

由于票据的贴现而支付给银行的贴现利息,应记入"财务费用"账户,即票据贴现时,借记"银行存款"(到期值与支付贴现利息之差)、"财务费用"(支付银行的贴现利息)账户,贷记"应收票据"账户。

二、应收账款核算注意事项

应收账款的入账价值包括销售货物或提供劳务的价款、增值税额、为对方垫付的费用等。在实际工作中,要注意以下几种特殊业务的入账价值。

(一)存有商业折扣的销售业务

商业折扣是指企业在商品标价上给予的扣除金额,这种销售情况下,应按扣除商业折扣后的净额来确认应收账款的入账价值。

(二)存有现金折扣的销售业务

现金折扣是指企业为了加快资金的回收时间而给债务人提供的债务扣除。现金折扣一般用符号"折扣率/付款期限"表示,如"2/10,1/20,n/30",表示债务人在10天之内支付货款的,可以享受2%的折扣优惠;在20天之内支付货款的,可享受1%的折扣优惠;超过20天之后付款的,则享受不到任何折扣优惠,需要全额付款。在这种情况下,应收账款的入账价值按折扣前(正常销售价)的总金额入账,实际发生现金折扣时,按折扣金额,记入"财务费用"账户。

三、预付账款核算注意事项

企业预付款项后,无法收到所购货物或无法退回预付款时,应将该笔预付账款的金额转入到其他应收款中核算,即借记"其他应收款"账户,贷记"预付账款"账户。预付账款不得计提坏账准备,转入"其他应收款"账户的预付款除外。

四、其他应收款核算注意事项

其他应收款的具体核算内容如下:
(1)应收的各种赔款、罚款。
(2)应收出租包装物的租金。
(3)应向职工收取的各种垫付款项。
(4)企业各部门批准拨付的备用金。
(5)存出的保证金,如租入包装物支付的押金。

(6) 预付账款、应收补贴款转入。

(7) 采用售后回购方式融资的,销售价格与回购价格之间的差额,应在售后回购期间内按期计提应计利息,借记"其他应收款"账户,贷记"财务费用"账户。

(8) 其他的各种应收、暂付款项。

五、坏账准备的计提

(一) 坏账准备计提的依据

根据会计制度的相关规定,企业应当在期末分析各项应收款项的可回收性,并预计可能产生的坏账损失。对预计可能发生的坏账损失,计提坏账准备。企业计提坏账准备的方法由企业自行确定。企业应当制定计提坏账准备的政策,明确计提坏账准备的范围、提取方法、账龄的划分和提取比例。坏账准备计提方法一经确定,不得随意变更。如需变更,应当在会计报表附注中予以说明。

在确定坏账准备的计提比例时,企业应当根据以往的经验、债务单位的实际财务状况和现金流量等相关信息予以合理估计。

企业的预付账款,如有确凿证据表明其不符合预付账款性质,或者因供货单位破产、撤销等原因已无望再收到所购货物的,应当将原计入预付账款的金额转入其他应收款,并按规定计提坏账准备。企业持有的未到期应收票据,如有确凿证据证明不能够收回或收回的可能性不大时,应将其账面余额转入应收账款,并计提相应的坏账准备。

(二) 坏账准备计提的会计分录

与坏账准备相关的会计分录如下。

1. 计提坏账准备时

按企业的相关规定计提坏账准备时,借记"资产减值损失"账户,贷记"坏账准备"账户。其计算公式如下:

当期应计提的坏账准备＝当期按规定应计提的坏账准备金额

—"坏账准备"账户的贷方余额

期末在计算应计提的坏账准备时,如果已计提的坏账准备已经超过了按规定计提的坏账准备金额("坏账准备"账户的贷方余额大于当期应计提的坏账准备金额),则应转回多提的坏账,即借记"坏账准备"账户,贷记"资产减值损失"账户。

2. 实际发生坏账时

实际发生坏账时,借记"坏账准备"账户,贷记"应收账款"账户。

3. 已经冲销的坏账又收回时

当坏账冲销后又收回时,借记"应收账款"账户,贷记"坏账准备"账户;再根据实际收回的金额,借记"银行存款"或"库存现金"账户,贷记"应收账款"账户。

(三)坏账准备计提的方法

根据企业会计制度的规定,企业坏账准备的计提方法由企业自行决定。在实际工作中,常见的计提坏账准备的方法有三种。

1. 余额百分比法

余额百分比法是指企业按应收款项余额的一定比例来计算应提取的坏账准备金额。

2. 账龄分析法

账龄分析法是指将应收款项按账龄的长短划分成若干个时间段,并为每一个时间段估计一个坏账损失百分比,用各时间段应收账款的金额乘以相应的百分比来计算各个时间段内的坏账损失;再将各个时间段上坏账损失合计数作为当期应计提的坏账准备金额。

3. 销货百分比法

销货百分比法是指企业根据当期商品赊销金额的一定百分比来计算坏账准备的方法。

第三章 存货的核算

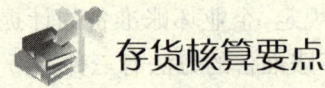 存货核算要点

一、需要掌握的概念

存货是指企业在日常活动中持有以备出售的产成品或商品、处在生产过程中的在产品、在生产过程或提供劳务过程中耗用的材料和物料等,如原材料、在产品、自制半成品、周转材料和库存商品等。

原材料是指企业购入的加工产品用的各种材料、包装材料、外购半成品、修理用备件、燃料等。

在产品是指企业处于加工状态的在制品。

自制半成品是指企业已经完成一定的加工过程但仍需继续加工的半成品。

周转材料包括包装物和低值易耗品,包装物是指因包装产品的需要而购入的袋、瓶、桶等各种包装容器;低值易耗品是指不能作为固定资产核算的工具、管理用具等各种用具物品。

库存商品是指企业库存的各种外购商品、已经完成加工全过程并已验收入库的、可以对外销售的各种商品。

二、需要设置的账户及其账户的用途

为了核算企业的存货,需要设置下列账户。

(一)设置"原材料"账户

"原材料"账户的借方登记原材料的增加数,贷方登记原材料的减少数,期末

余额在借方，反映企业实存的原材料价值。如果采用计划成本核算时，借方登记增加原材料的计划成本，贷方登记减少原材料的计划成本，期末余额在借方，反映企业实存原材料的计划成本。

（二）设置"材料采购"账户

"材料采购"账户是采用计划成本核算时使用的一个会计账户，借方登记增加材料的实际成本，贷方登记增加材料的计划成本。

（三）设置"材料成本差异"账户

"材料成本差异"账户也是采用计划成本核算时使用到的一个调整账户，借方登记计划成本大于实际成本的超支差异额，贷方登记计划成本小于实际成本的节约金额和发出材料成本应负担的成本差异（超支用蓝字，节约用红字）。期末余额在借方，表示实存材料的超支金额；期末余额在贷方，表示实存材料的节约差额。

（四）设置"周转材料"账户

"周转材料"账户的借方登记包装物、低值易耗品的增加额，贷方登记包装物、低值易耗品的减少额，期末余额在借方，反映企业实存的周转材料的价值。

（五）设置"库存商品"账户

"库存商品"账户的借方登记增加的库存商品的成本，贷方登记减少的库存商品的成本，期末余额在借方，反映企业实存的库存商品的价值。

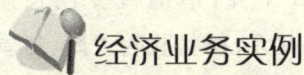

经济业务实例

江西长青股份有限公司 2010 年 3 月份发生的存货业务如下（已知该公司采用的是实际成本核算法）：

（1）1 日，购入甲材料 24 000 千克，增值税专用发票上注明，甲材料的货款为 60 000 元，增值税额为 10 200 元，材料验收入库，货款已转付。当日，由于洪水灾害的原因，导致损毁 1 600 千克的甲材料，价值合计 4 000 元，经与保险公司协调，保险公司负债赔偿 3 000 元。

（2）2日，生产领用甲材料，其中：A产品领用材料20 000千克，金额为50 000元，B产品领用材料25 000千克，金额为62 500元；生产领用乙材料，其中：A产品领用材料27 000千克，金额为59 400元，B产品领用材料20 500千克，金额为45 100元。

（3）5日，销售A产品200件，增值税专用发票上注明，A产品货款为50 000元，增值税额为8 500元，款项已存入银行，已知此批A产品的实际成本为25 500元；随同A产品出售但不单独计价的包装物的成本为2 000元。

（4）10日，购入乙材料13 636.37千克，增值税专用发票上注明，乙材料的货款为30 000元，增值税额为5 100元，材料已验收入库，货款已转付。

（5）12日，购入包装物3 510元，其中：包装物货款为3 000元，增值税额为510元；购入低值易耗品5 850元，其中：低值易耗品价款为5 000元，增值税额为850元。

（6）15日，行政部门领用了600元的低值易耗品，低值易耗品采用的是一次摊销法；A产品领用包装物1 200元，B产品领用包装物800元，包装物是产品的组成部分，随同产品出售。

（7）20日，销售B产品450件，增值税专用发票上注明，B产品货款为90 000元，包装物为3 000元，增值税额为15 810元，款项已存入银行，已知此批B产品的实际成本为65 000元，包装物的实际成本为1 700元。

（8）22日，从A公司购入甲材料16 000千克，增值税专用发票上注明，甲材料的货款为40 000元，增值税额为6 800元，材料验收入库，货款尚未支付；从B公司购入乙材料31 818.18千克，增值税专用发票上注明，乙材料的货款为70 000元，增值税额为11 900元，材料验收入库，货款尚未支付。

（9）30日，本月加工的A产品验收入库，入库A产品700件，实际成本为140 000元；B产品验收入库，入库B产品1 000件，实际成本为160 000元。

（10）31日，月份终了，对存货进行盘点，盘点结果为：甲材料盘盈50千克，甲材料的单位成本为2.50元/千克；盘亏乙材料60千克，乙材料的单位成本为2.20元/千克；盘亏A产品2件，每件成本为200元。查明原因后，盘盈的甲材料属于当期计量错误；盘亏的乙材料属于一般经营损失；盘亏的A产品是由于保管员李某的过失造成的，由其赔偿公司损失。

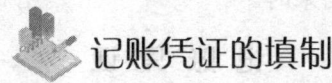 记账凭证的填制

1. 1日

1) 购入甲材料时

记 账 凭 证

2010年3月1日　　　　　　　　　　　　字第××号

摘　要	一级科目	明细科目	记账√	借方金额	贷方金额	
购入甲材料	原材料	甲材料		60 000.00		附件×张
甲材料进项税额	应交税费	应交增值税（进项税额）		10 200.00		
转付甲材料款项	银行存款				70 200.00	
合　　计				70 200.00	70 200.00	

会计主管　张雪德　　记账　毛书平　　出纳　李文莲　　审核　黄小芳　　制单　顾玲玲

2) 洪水导致甲材料损毁时
毁损发生时。

记 账 凭 证

2010年3月1日　　　　　　　　　　　　字第××号

摘　要	一级科目	明细科目	记账√	借方金额	贷方金额	
洪水导致甲材料毁损	待处理财产损溢	待处理流动资产损溢		4 000.00		附件×张
洪水导致甲材料毁损	原材料	甲材料			4 000.00	
合　　计				4 000.00	4 000.00	

会计主管　张雪德　　记账　毛书平　　出纳　李文莲　　审核　黄小芳　　制单　顾玲玲

毁损甲材料处理意见出来时。

记 账 凭 证

2010年3月1日　　　　　　　　　　字第××号

摘　要	一级科目	明细科目	记账√	借方金额	贷方金额
应收保险公司赔偿款	其他应收款	保险公司		3 000.00	
洪水导致甲材料损失的金额	营业外支出	非常损失		1 000.00	
洪水导致甲材料毁损	待处理财产损溢	待处理流动资产损溢			4 000.00
合　计				4 000.00	4 000.00

附件×张

会计主管　张宝德　记账　毛书平　出纳　李文莲　审核　黄小芳　制单　顾玲玲

2. 2日

记 账 凭 证

2010年3月2日　　　　　　　　　　字第××号

摘　要	一级科目	明细科目	记账√	借方金额	贷方金额
生产A产品领用原材料	生产成本	A产品		109 400.00	
生产B产品领用原材料	生产成本	B产品		107 600.00	
生产领用甲材料45 000千克	原材料	甲材料			112 500.00
生产领用乙材料47 500千克	原材料	乙材料			104 500.00
合　计				217 000.00	217 000.00

附件×张

会计主管　张宝德　记账　毛书平　出纳　李文莲　审核　黄小芳　制单　顾玲玲

3. 5日

取得A产品销售收入时。

记 账 凭 证

2010年3月5日　　　　　　　　　字第××号

摘　要	一级科目	明细科目	记账√	借方金额	贷方金额
A产品销售收入款存入	银行存款			58 500.00	
A产品销售收入	主营业务收入				50 000.00
A产品销项税额	应交税费	应交增值税（进项税额）			8 500.00
合　计				58 500.00	58 500.00

附件×张

会计主管　张玉德　　记账　毛书平　　出纳　李文莲　　审核　黄小芳　　制单　顾玲玲

结转A产品销售成本时。

记 账 凭 证

2010年3月5日　　　　　　　　　字第××号

摘　要	一级科目	明细科目	记账√	借方金额	贷方金额
结转A产品销售成本	主营业务成本			25 500.00	
结转A产品用包装物成本	销售费用	包装物		2 000.00	
结转A产品销售成本	库存商品	A商品			25 500.00
结转A产品用包装物成本	周转材料	包装物			2 000.00
合　计				27 500.00	27 500.00

附件×张

会计主管　张玉德　　记账　毛书平　　出纳　李文莲　　审核　黄小芳　　制单　顾玲玲

4. 10日

记 账 凭 证

2010年3月10日　　　　　　　　　　　　　字第××号

摘　　要	一级科目	明细科目	记账√	借方金额	贷方金额
购入乙材料13 636.37千克	原材料	乙材料		30 000.00	
乙材料进项税额	应交税费	应交增值税（进项税额）		5 100.00	
转付乙材料款项	银行存款				35 100.00
合　　　计				35 100.00	35 100.00

附件×张

会计主管　张宝德　　记账　毛书平　　出纳　李文莲　　审核　黄小芳　　制单　顾玲玲

5. 12日

1）购入包装物时

记 账 凭 证

2010年3月12日　　　　　　　　　　　　　字第××号

摘　　要	一级科目	明细科目	记账√	借方金额	贷方金额
购入包装物	周转材料	包装物		3 000.00	
包装物进项税额	应交税费	应交增值税（进项税额）		510.00	
转付包装物款项	银行存款				3 510.00
合　　　计				3 510.00	3 510.00

附件×张

会计主管　张宝德　　记账　毛书平　　出纳　李文莲　　审核　黄小芳　　制单　顾玲玲

2) 购入低值易耗品时

记 账 凭 证

2010 年 3 月 12 日　　　　　　　　字第××号

摘　要	一级科目	明细科目	记账√	借方金额	贷方金额
购入低值易耗品	周转材料	低值易耗品		5 000.00	
低值易耗品进项税额	应交税费	应交增值税（进项税额）		850.00	
转付低值易耗品款项	银行存款				5 850.00
合　计				5 850.00	5 850.00

附件×张

会计主管　张宝德　　记账　毛书平　　出纳　李文莲　　审核　黄小芳　　制单　顾玲玲

6. 15 日

1) 行政部领用低值易耗品时

记 账 凭 证

2010 年 3 月 15 日　　　　　　　　字第××号

摘　要	一级科目	明细科目	记账√	借方金额	贷方金额
行政部领用低值易耗品	管理费用	低值易耗品耗用		600.00	
行政部领用低值易耗品	周转材料	低值易耗品			600.00
合　计				600.00	600.00

附件×张

会计主管　张宝德　　记账　毛书平　　出纳　李文莲　　审核　黄小芳　　制单　顾玲玲

2）产品包装领用包装物时

记 账 凭 证

2010 年 3 月 15 日　　　　　　　　字第××号

摘　要	一级科目	明细科目	记账√	借方金额	贷方金额
A产品领用包装物	生产成本	A产品		1 200.00	
B产品领用包装物	生产成本	B产品		800.00	
产品耗用包装物	周转材料	包装物			2 000.00
合　　计				2 000.00	2 000.00

会计主管　张宝德　　记账　毛书平　　出纳　李文莲　　审核　黄小芳　　制单　顾玲玲

7. 20 日

1）取得销售收入时

记 账 凭 证

2010 年 3 月 20 日　　　　　　　　字第××号

摘　要	一级科目	明细科目	记账√	借方金额	贷方金额
销售收入存入	银行存款			108 810.00	
B产品销售收入	主营业务收入				90 000.00
包装物销售收入	其他业务收入				3 000.00
B产品、包装物进项税额	应交税费	应交增值税（进项税额）			15 810.00
合　　计				108 810.00	108 810.00

会计主管　张宝德　　记账　毛书平　　出纳　李文莲　　审核　黄小芳　　制单　顾玲玲

2）结转销售成本时

记 账 凭 证

2010 年 3 月 20 日　　　　　　　　　　字第××号

摘　要	一级科目	明细科目	记账√	借方金额	贷方金额
结转 B 产品销售成本	主营业务成本			65 000.00	
结转随同 B 产品销售但单独计价的包装物成本	其他业务成本			1 700.00	
结转 B 产品销售成本	库存商品	B 产品			65 000.00
结转随同 B 产品销售但单独计价的包装物成本	周转材料	包装物			1 700.00
合　　计				66 700.00	66 700.00

附件×张

8. 22 日

1）购入甲材料时

记 账 凭 证

2010 年 3 月 22 日　　　　　　　　　　字第××号

摘　要	一级科目	明细科目	记账√	借方金额	贷方金额
购入甲材料 31 818.18 千克	原材料	甲材料		40 000.00	
甲材料进项税额	应交税费	应交增值税（进项税额）		6 800.00	
应付 A 公司甲材料款项	应付账款	A 公司			46 800.00
合　　计				46 800.00	46 800.00

附件×张

会计主管　张重德　　记账　毛书平　　出纳　李文莲　　审核　黄小芳　　制单　顾玲玲

2) 购入乙材料时

记 账 凭 证

2010 年 3 月 22 日　　　　　　　　　　字第××号

摘　　要	一级科目	明细科目	记账 √	借方金额	贷方金额
购入乙材料	原材料	乙材料		70 000.00	
乙材料进项税额	应交税费	应交增值税（进项税额）		11 900.00	
应付B公司乙材料货款	应付账款	B公司			81 900.00
合　　　计				81 900.00	81 900.00

附件×张

会计主管　张宝德　　记账　毛书平　　出纳　李文莲　　审核　黄小芳　　制单　顾玲玲

9. 30 日

记 账 凭 证

2010 年 3 月 30 日　　　　　　　　　　字第××号

摘　　要	一级科目	明细科目	记账 √	借方金额	贷方金额
A产品验收入库	库存商品	A产品		140 000.00	
B产品验收入库	库存商品	B产品		160 000.00	
A产品成本结转	生产成本	A产品			140 000.00
B产品成本结转	生产成本	B产品			160 000.00
合　　　计				300 000.00	300 000.00

附件×张

会计主管　张宝德　　记账　毛书平　　出纳　李文莲　　审核　黄小芳　　制单　顾玲玲

10. 31 日

1）盘盈甲材料

甲材料盘盈时。

记 账 凭 证

2010 年 3 月 31 日　　　　　　　　　字第××号

摘　要	一级科目	明细科目	记账√	借方金额	贷方金额
盘盈甲材料 50 千克	原材料	甲材料		125.00	
盘盈甲材料 50 千克	待处理财产损溢	待处理流动资产损溢			125.00
合　　计				125.00	125.00

附件×张

会计主管　张宝德　　记账　毛书平　　出纳　李文莲　　审核　黄小芳　　制单　顾玲玲

查明原因后，属于计量错误时。

记 账 凭 证

2010 年 3 月 31 日　　　　　　　　　字第××号

摘　要	一级科目	明细科目	记账√	借方金额	贷方金额
盘盈甲材料 50 千克	待处理财产损溢	待处理流动资产损溢		125.00	
盘盈甲材料 50 千克	管理费用	存货盘盈			125.00
合　　计				125.00	125.00

附件×张

会计主管　张宝德　　记账　毛书平　　出纳　李文莲　　审核　黄小芳　　制单　顾玲玲

2) 盘亏乙材料

乙材料盘亏时。

记 账 凭 证

2010 年 3 月 31 日　　　　　　　　　　字第××号

摘　要	一级科目	明细科目	记账√	借方金额	贷方金额
盘亏乙材料 60 千克	待处理财产损溢	待处理流动资产损溢		132.00	
盘亏乙材料 60 千克	原材料	乙材料			132.00
合　计				132.00	132.00

会计主管 张宝德　记账 毛书平　出纳 李文莲　审核 黄小芳　制单 顾玲玲

附件×张

查明原因后,乙材料属于正常经营损失时。

记 账 凭 证

2010 年 3 月 31 日　　　　　　　　　　字第××号

摘　要	一级科目	明细科目	记账√	借方金额	贷方金额
盘盈乙材料 60 千克	管理费用	存货盘亏		132.00	
盘盈乙材料 60 千克	待处理财产损溢	待处理流动资产损溢			132.00
合　计				132.00	132.00

会计主管 张宝德　记账 毛书平　出纳 李文莲　审核 黄小芳　制单 顾玲玲

附件×张

3) 盘亏 A 产品时

A 产品盘亏时。

记 账 凭 证

2010 年 3 月 31 日　　　　　　　　　　　　字第××号

摘　　要	一级科目	明细科目	记账√	借方金额	贷方金额
盘亏 A 产品 2 件	待处理财产损溢	待处理流动资产损溢		400.00	
盘亏 A 产品 2 件	库存商品	A 产品			400.00
合　　计				400.00	400.00

附件×张

会计主管　张宝德　　记账　毛书平　　出纳　李文莲　　审核　黄小芳　　制单　顾玲玲

查明原因后，由保管员赔偿损失时。

记 账 凭 证

2010 年 3 月 31 日　　　　　　　　　　　　字第××号

摘　　要	一级科目	明细科目	记账√	借方金额	贷方金额
盘盈 A 产品 2 件	其他应收款	李某		400.00	
盘盈 A 产品 2 件	待处理财产损溢	待处理流动资产损溢			400.00
合　　计				400.00	400.00

附件×张

会计主管　张宝德　　记账　毛书平　　出纳　李文莲　　审核　黄小芳　　制单　顾玲玲

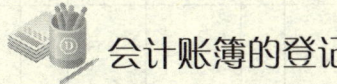

会计账簿的登记

3 月份，根据会计凭证登记的存货类账簿如下。

一、原材料明细账的登记

原材料　明细账

类别：甲材料　　　　　　　　　　　　　　　　　　存放地点：

2010年		凭证号数	摘要	对应科目	收入			支出			结存		
月	日				数量	单价	金额	数量	单价	金额	数量	单价	金额
2	28	(略)	(略)								70 000	2.50	175 000.00
2	28		本月合计		40 000		100 000.00	65 000		162 500.00			
			本年累计		80 100		200 250.00	85 000		212 500.00			
		1	购入甲材料	银行存款	24 000	2.50	60 000.00						
		1	洪水导致甲材料毁损	待处理财产损溢				1 600	2.50	4 000.00	92 400	2.50	231 000.00
		2	生产领用甲材料	生产成本				45 000	2.50	112 500.00	47 400	2.50	118 500.00
		22	购入甲材料	应付账款	16 000	2.50	40 000.00				63 400	2.50	158 500.00
		31	盘盈甲材料	待处理财产损溢	50	2.50	125.00				63 450	2.50	158 625.00
3	31		本月合计		40 050		100 125.00	46 600		116 500.00			
			本年累计		120 150		300 375.00	131 600		329 000.00			

原材料　明细账

类别：乙材料　　　　　　　　　　　　　　　　　　存放地点：

2010年		凭证号数	摘要	对应科目	收入			支出			结存		
月	日				数量	单价	金额	数量	单价	金额	数量	单价	金额
2	28	(略)	(略)								53 000	2.20	116 600.00
2	28		本月合计		40 000		88 000.00	45 000		99 000.00			
			本年累计		70 000		154 000.00	75 000		165 000.00			
3	2		生产领用乙材料	生产成本				47 500	2.20	104 500.00	5 500	2.20	12 100.00
		10	购入乙材料	银行存款	13 636.37	2.20	30 000.00				19 136.37	2.20	42 100.00
		22	购入乙材料	应付账款	31 818.18	2.20	70 000.00				50 954.55	2.20	112 100.00
		31	盘亏乙材料	待处理财产损溢				60		132.00	50 894.55	2.20	111 968.00
3	31		本月合计		45 454.55		100 000.00	47 560		104 632.00			
			本年累计		115 454.55		254 000.00	122 560		269 632.00			

二、周转材料明细账登记

周转材料　明细账

类别：包装物　　　　　　　　　　　　　　　　存放地点：

2010年		凭证号数	摘要	对应科目	收入			支出			结存		
月	日				数量	单价	金额	数量	单价	金额	数量	单价	金额
2	28	(略)	(略)										3 600.00
2	28		本月合计				2 000.00			1 500.00			
			本年累计				3 000.00			2 200.00			
3	5		结转A产品用包装物成本	销售费用						2 000.00			1 600.00
	12		购入包装物	银行存款			3 000.00						4 600.00
	15		产品耗用包装物	生产成本						2 000.00			2 600.00
	20		结转随同B产品销售包装物成本	其他业务成本						1 700.00			900.00
3	31		本月合计				3 000.00			5 700.00			900.00
			本年累计				6 000.00			7 900.00			

注：周转材料的数量和金额栏略。

周转材料　明细账

类别：低值易耗品　　　　　　　　　　　　　　存放地点：

2010年		凭证号数	摘要	对应科目	收入			支出			结存		
月	日				数量	单价	金额	数量	单价	金额	数量	单价	金额
1	1	(略)	上年结转										200.00
3	12		购入低值易耗品	银行存款			5 000.00						5 200.00
	15		行政部领用低值易耗品	管理费用						600.00			4 600.00
3	31		本月合计				5 000.00			600.00			4 600.00
			本年累计				5 000.00			600.00			

注：周转材料的数量和金额栏略。

三、库存商品明细账登记

库存商品　明细账

类别：A产品　　　　　　　　　　　　　　　　　　　存放地点：

2010年		凭证号数	摘要	对应科目	收入			支出			结存		
月	日				数量	单价	金额	数量	单价	金额	数量	单价	金额
2	28	(略)	(略)								400	200	80 000.00
2	28		本月合计		200		40 000.00	260		52 000.00			
			本年累计		1 000		200 000.00	800		160 000.00			
3	5		结转A产品销售成本	主营业务成本				200	127.50	25 500.00	200	272.50	54 500.00
	30		A产品验收入库	生产成本	700	200	140 000.00				900	216.11	194 500.00
	31		盘亏					2		400.00	898	216.15	194 100.00
3	31		本月合计		700		140 000.00	200		25 900.00			
			本年累计		1 700		340 000.00	1 000		410 900.00			

库存商品　明细账

类别：B产品　　　　　　　　　　　　　　　　　　　存放地点：

2010年		凭证号数	摘要	对应科目	收入			支出			结存		
月	日				数量	单价	金额	数量	单价	金额	数量	单价	金额
2	28	(略)	(略)								450	144.44	65 000.00
2	28		本月合计		250		40 000.00	300		48 000.00			
			本年累计		500		80 000.00	600		96 000.00			
3	20		结转B产品销售成本	主营业务成本				450	144.44	65 000.00	0		-0-
	30		B产品验收入库	生产成本	1 000	160	160 000.00				1 000	160	160 000.00
3	31		本月合计		1 000		160 000.00	450		65 000.00			
			本年累计		1 500		240 000.00	1 050		161 000.00			

老会计点拨

存货是企业重要的资产,其核算也显得尤为重要。在核算过程中,应注意以下事项。

一、存货的核算方法

材料核算的方法与企业的管理方法有着密不可分的联系,在实际工作中,存货日常收发结存的方法有以下两种。

(一)按实际成本法核算

按实际成本法核算是指企业原材料的采购、发出和结存都按照材料的实际成本来核算。材料收发业务不多的企业一般会采用这种核算方法。本章经济业务实例中,就是按实际成本法来讲述的。

(二)按计划成本法核算

按计划成本法核算是指企业存货的采购、发出和结存都按照材料的计划成本来核算。材料收发业务频繁、计划成本较为准确的企业一般应采用这种核算方法。采用计划成本核算时,要结转材料实际成本与计划成本之间的差异,具体核算方法如下:

(1)采购原材料时,按计划成本入账,借记"材料采购"、"应交税费"账户,贷记"银行存款"、"应收账款"等相关账户。

(2)发出原材料时,按计划成本,借记"生产成本"等相关账户,贷记"原材料"账户。

(3)月份终了,将原材料的计划成本调整为实际成本,借记"原材料"账户,贷记"材料采购"账户,将实际成本与计划成本之间的差异通过"材料成本差异"账户进行调整。两者的差额为节约时,借记"材料采购"账户,贷记"材料成本差异"账户;两者的差额为超支时,借记"材料成本差异"账户,贷记"材料采购"账户。

(4)月份终了,结转发出材料的成本差异。节约时,借记"生产成本"等相关账户(红字),贷记"材料成本差异"账户(红字);超支时,借记"生产成本"等相关账户,贷记"材料成本差异"账户。发出材料成本差异计算方法如下:

材料成本差异率＝（月初结存材料的成本差异额＋本月增加材料的成本差异额）

÷（月初材料的计划成本额＋本月增加材料的计划成本额）

×100％

发出材料应结转的材料成本差异 ＝ 发出材料的计划成本×材料成本差异率

二、发出存货的计价方法

根据会计制度的相关规定，发出存货的计价方法主要有以下几种。

（一）先进先出法

先进先出法是假设存货的发出是按照存货采购的先后顺序来进行的，即先采购的存货先发出。这种计价方法的具体操作是：按照存货的采购时间顺序，逐笔登记存货增加的数量、单位和金额；存货发出时，再按照先采购的存货先发出的原则逐笔登记存货的发出数量、单价和金额。

例如，以下是某企业按照先进先出法发放甲材料的明细分类账。

原材料 明细账

类别：甲材料　　　　　　　　　　　　　　　　　　存放地点：

2010年		凭证号数	摘 要	对应科目（略）	收 入			支 出			结 存		
月	日				数量	单价	金 额	数量	单价	金 额	数量	单价	金 额
1	1	(略)	购入甲材料		1 000	5.00	5 000.00				1 000	5.00	5 000.00
	5		发出甲材料					800	5.00	4 000.00	200	5.00	1 000.00
	10		购入甲材料		500	4.00	2 000.00				200 500	5.00 4.00	1 000.00 2 000.00
	12		发出甲材料					200 300	5.00 4.00	1 000.00 1 200.00	500 200	4.00 4.00	2 000.00 800.00
	15		购入甲材料		600	6.00	3 600.00				200 600	4.00 6.00	800.00 3 600.00
	20		发出甲材料					200 200	4.00 6.00	800.00 1 200.00	600 400	6.00 6.00	3 600.00 2 400.00
1	31		本月合计		2 100		10 600.00	1 700		8 200.00			
			本年累计		2 100		10 600.00	1 700		8 200.00			

（二）加权平均法

加权平均法具体又可分为月末一次加权平均法和移动加权平均法两种。

1. 月末一次加权平均法

月末一次加权平均法是指存货的发出成本按月末一次计算的平均单价来计算的方法，其计算公式如下：

月末一次加权平均单价 =（期初存货的实际成本＋本期增加的存货实际成本）

÷（期初存货的数量＋本期增加的存货数量）

当期发出存货的实际成本 = 本期发出的存货数量×一次加权平均单价

例如，以下是某企业按照月末一次加权平均法发放甲材料的明细分类账。

原材料　明细账

类别：甲材料　　　　　　　　　　　　　　　　　　存放地点：

2010年		凭证号数	摘要	对应科目（略）	收入			支出			结存		
月	日				数量	单价	金额	数量	单价	金额	数量	单价	金额
1	1	（略）	购入甲材料		1 000	5.00	5 000.00				1 000		5 000.00
	5		发出甲材料					800	5.03	4 024.00	200		976.00
	10		购入甲材料		500	4.00	2 000.00				700		2 976.00
	12		发出甲材料					500	5.03	2 515.00	200		461.00
	15		购入甲材料		600	6.00	3 600.00				800		4 061.00
	20		发出甲材料					400	5.03	2 012.00	400	5.12	2 049.00
1	31		本月合计		2 100		10 600.00	1 700		8 551.00			
			本年累计		2 100		10 600.00	1 700		8 551.00			

一次加权平均单价 =（5 000＋10 600）÷（1 000＋2 100）= 5.03（元/千克）

发出甲材料的实际成本 = 1 700×5.03 = 8 551（元）

2. 移动加权平均法

移动加权平均法是指每增加一次存货就计算一次加权平均单价的方法，并作为下次发出存货的计算单价的方法。其计算公式如下：

移动加权平均单价 =（当前存货的实际成本 + 本次增加的存货实际成本）

÷（当期存货的数量 + 本次增加的存货数量）

本次发出存货的实际成本 = 本次发出的存货数量 × 移动加权平均单价

（三）个别计价法

个别计价法是指每次发出某种存货时，都按其实际购入的成本计算的方法。对于性质和用途相似的存货，应当采用相同的成本计算方法确定发出存货的成本。对于不能替代使用的存货、为特定项目专门购入或制造的存货以及提供劳务的成本，通常采用个别计价法确定发出存货的成本。

三、存货的盘点

为了保证存货的安全与完整，企业应通过实地盘点的方法定期或不定期地对存货进行盘点，看账上记录的数目与实际库存的数目是否相符。账实不相符时，应及时查明原因并进行相应的账务处理。

四、存货的期末计量

在资产负债表日，存货应当按照成本与可变现净值孰低计量。

（一）存货的可变现净值

可变现净值是指在日常活动中，存货的估计售价减去至完工时估计将要发生的成本、估计的销售费用以及相关税费后的金额。企业确定存货的可变现净值，应当以取得的确凿证据为基础，并且考虑持有存货的目的、资产负债表日后事项的影响等因素。

（二）存货跌价准备的计提

存货成本高于其可变现净值的，应当计提存货跌价准备，计入当期损益，即借记"资产减值损失——计提存货跌价准备"账户，贷记"存货跌价准备"账户。若已经计提了跌价准备的存货又转回时，应当恢复减记的金额，即借记"存货跌价准备"账户，贷记"资产减值损失——计提存货跌价准备"账户。

（三）实际工作中的注意事项

在实际工作中应注意以下几点：

（1）为生产而持有的材料等，用其生产的产成品的可变现净值高于成本的，该材料仍然应当按照成本计量；材料价格下降，产成品的可变现净值低于成本的，该材料应当按照可变现净值计量。

（2）为执行销售合同或者劳务合同而持有的存货，其可变现净值应当以合同价格为基础计算。企业持有存货的数量多于销售合同订购数量的，超出部分的存货的可变现净值应当以一般销售价格为基础计算。同一项存货中一部分有合同价格约定、其他部分不存在合同价格的，应当分别确定其可变现净值，并与其相对应的成本进行比较，分别确定存货跌价准备的计提或转回的金额。

（3）产成品、商品和直接用于出售的材料等，在正常生产经营过程中，应当以该存货的估计售价减去估计的销售费用和相关税费后的金额，确定其可变现净值。

（4）需要经过加工的材料存货，在正常生产经营过程中，应当以所生产的产成品的估计售价减去至完工时估计将要发生的成本、估计的销售费用和相关税费后的金额，确定其可变现净值。

第四章 固定资产的核算

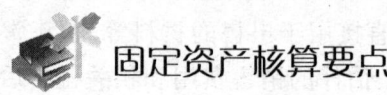
固定资产核算要点

一、需要掌握的概念

固定资产是指为生产商品、提供劳务、出租或经营管理而持有的,使用寿命超过一个会计年度的有形资产。

固定资产折旧是指固定资产投入使用后,由于磨损而减少的那部分价值。

二、需要设置的账户及其账户的用途

（一）设置"固定资产"账户

"固定资产"账户的借方登记增加的固定资产价值,贷方登记减少的固定资产价值,期末余额在借方,反映企业拥有的固定资产的价值。

（二）设置"累计折旧"账户

"累计折旧"账户的借方登记固定资产减少时应转销的价值,贷方登记计提折旧的金额,期末余额在贷方,反映企业已累计计提固定资产折旧的金额。此账户属于"固定资产"的调整账户。

（三）设置"固定资产清理"账户

"固定资产清理"账户的借方登记转入清理状态的固定资产价值和在清理过程中发生的费用额,贷方登记固定资产清理过程中取得的收入,期末结转后一般无余额。

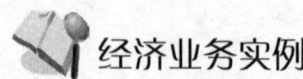
经济业务实例

江西长青股份有限公司 2010 年 3 月份引发固定资产增减变动的业务如下：

（1）5日，购入一台需要安装的甲设备，增值税专用发票上注明，甲设备价款为 120 000 元，增值税额为 20 400 元。以上款项已通过银行存款转付。

（2）10日，购入一台不需要安装就可直接使用的乙设备，增值税专用发票上注明，甲设备的价款为 100 000 元，增值税额为 17 000 元。以上款项已通过银行存款转付。

（3）12日，公司决定采用自营的方式增建一座5号仓库。当日，购入一批工程物资，增值税专用发票上注明，工程物资价款合计为 300 000 元，增值税额合计为 51 000 元。以上款项已通过银行存款转付，工程物资当天已领用 50 000 元。

（4）15日，5日购入的甲设备安装完毕，共支付安装费用 3 000 元，已办理竣工验收手续。

（5）16日，出包给F公司承建6号仓库。当日，按合同约定向F公司预付 500 000 元的备料款。

（6）18日，出包给E公司的2号仓库已建造好，办理建筑工程价款，工程价款总计 800 000 元，已预付工程款 600 000 元。当日，支付余款 200 000 元。验收合格的仓库当日投入使用。

（7）20日，接受W公司投入的一台乙设备，该台设备的账面价值为 180 000 元，已计提折旧 46 000 元。双方合同约定的价值为 150 000 元，约定的价值在公允价值范围之内。W公司投入的资本占本公司注册资本的 20%，本公司注册资本为 700 000 元。

（8）22日，一台甲设备转入大修理，预计经过修理后，该设备的生产能力大大提高，能为企业创造更多的经济利益。已知该设备的原价为 600 000 元，已计提折旧 450 000 元。当日，发生修理支出 5 000 元。

（9）25日，报废一台甲设备，该设备的原价为 200 000 元，已计提折旧 185 000 元；在清理过程中，取得残料收入 25 000 元；支付清理费用 1 500 元，交纳营业税 1 250 元。

（10）31日，对固定资产盘点过程中，发现盘亏一台甲设备，其账面原价为 150 000 元，已计提折旧 120 000 元；经批准，作为营业外支出处理。计提当月固定资产折旧 30 000 元，其中行政部门负担 12 000 元，生产部门负担 15 000 元，销售部门负担 3 000 元。

记账凭证的填制

1. 5日

记 账 凭 证

2010年3月5日　　　　　　　　　　字第××号

摘　要	一级科目	明细科目	记账√	借方金额	贷方金额	
购入需安装的甲设备一台	在建工程	甲设备		120 000.00		
甲设备进项税额	应交税费	应交增值税（进项税额）		20 400.00		附件×张
转付甲设备款项	银行存款				140 400.00	
合　　　计				140 400.00	140 400.00	

会计主管　张重德　　记账　毛书平　　出纳　李文莲　　审核　黄小芳　　制单　顾玲玲

2. 10日

记 账 凭 证

2010年3月10日　　　　　　　　　字第××号

摘　要	一级科目	明细科目	记账√	借方金额	贷方金额	
购入乙设备一台	固定资产	乙设备		100 000.00		
乙设备进项税额	应交税费	应交增值税（进项税额）		17 000.00		附件×张
转付乙设备款项	银行存款				117 000.00	
合　　　计				117 000.00	117 000.00	

会计主管　张重德　　记账　毛书平　　出纳　李文莲　　审核　黄小芳　　制单　顾玲玲

3. 12日

1) 购入工程物资时

记 账 凭 证

2010年3月12日　　　　　　　　　　　字第××号

摘　要	一级科目	明细科目	记账√	借方金额	贷方金额
购入5号仓库用工程物资	工程物资			300 000.00	
工程物资进项税额	应交税费	应交增值税（进项税额）		51 000.00	
转付工程物资款	银行存款				351 000.00
合　　计				351 000.00	351 000.00

附件×张

会计主管　张宝德　　记账　毛书平　　出纳　李文莲　　审核　黄小芳　　制单　顾玲玲

2) 领用工程物资时

记 账 凭 证

2010年3月12日　　　　　　　　　　　字第××号

摘　要	一级科目	明细科目	记账√	借方金额	贷方金额
5号仓库耗用工程物资	在建工程	5号仓库		50 000.00	
5号仓库耗用工程物资	工程物资				50 000.00
合　　计				50 000.00	50 000.00

附件×张

会计主管　张宝德　　记账　毛书平　　出纳　李文莲　　审核　黄小芳　　制单　顾玲玲

4. 15日

1) 支付甲设备安装费用时

记 账 凭 证

2010年3月15日　　　　　　　　　　字第××号

摘　要	一级科目	明细科目	记账√	借方金额	贷方金额
支付甲设备安装费	在建工程	甲设备		3 000.00	
支付甲设备安装费	银行存款				3 000.00
合　　计				3 000.00	3 000.00

附件×张

会计主管　张宝德　　记账　毛书平　　出纳　李文莲　　审核　黄小芳　　制单　顾玲玲

2) 甲设备安装完毕，由在建工程转入固定资产时

记 账 凭 证

2010年3月15日　　　　　　　　　　字第××号

摘　要	一级科目	明细科目	记账√	借方金额	贷方金额
甲设备安装完毕	固定资产	甲设备		123 000.00	
甲设备安装完毕	在建工程	甲设备			123 000.00
合　　计				123 000.00	123 000.00

附件×张

会计主管　张宝德　　记账　毛书平　　出纳　李文莲　　审核　黄小芳　　制单　顾玲玲

5. 16日

记 账 凭 证

2010年3月16日　　　　　　　　　　　字第××号

摘　要	一级科目	明细科目	记账√	借方金额	贷方金额
6号仓库预付款	预付账款	F公司		500 000.00	
6号仓库预付款	银行存款				500 000.00
合　计				500 000.00	500 000.00

附件×张

会计主管　张雪德　　记账　毛书平　　出纳　李文莲　　审核　黄小芳　　制单　顾玲玲

6. 18日

1) 结算工程款,并支付工程余款时

记 账 凭 证

2010年3月18日　　　　　　　　　　　字第××号

摘　要	一级科目	明细科目	记账√	借方金额	贷方金额
2号仓库结算款	在建工程	2号仓库		800 000.00	
已预付工程款	预付账款	E公司			600 000.00
付E公司工程余款	银行存款				200 000.00
合　计				800 000.00	800 000.00

附件×张

会计主管　张雪德　　记账　毛书平　　出纳　李文莲　　审核　黄小芳　　制单　顾玲玲

2) 仓库投入使用,由在建工程转入固定资产时

记 账 凭 证

2010 年 3 月 18 日　　　　　　　　　字第××号

摘　要	一级科目	明细科目	记账√	借方金额	贷方金额
2号仓库竣工投入使用	固定资产	2号仓库		800 000.00	
2号仓库竣工投入使用	在建工程	2号仓库			800 000.00
合　　计				800 000.00	800 000.00

附件×张

会计主管　张雪德　　记账　毛书平　　出纳　李文莲　　审核　黄小芳　　制单　顾玲玲

7. 20 日

记 账 凭 证

2010 年 3 月 20 日　　　　　　　　　字第××号

摘　要	一级科目	明细科目	记账√	借方金额	贷方金额
W公司投入的乙设备	固定资产	乙设备		150 000.00	
W公司投入的乙设备(700 000×20%)	实收资本	W公司			140 000.00
W公司投入资本溢价	资本公积	资本溢价			100 000.00
合　　计				150 000.00	150 000.00

附件×张

会计主管　张雪德　　记账　毛书平　　出纳　李文莲　　审核　黄小芳　　制单　顾玲玲

8. 22 日

1) 甲设备转入修理时

记 账 凭 证

2010 年 3 月 22 日　　　　　　　字第××号

摘　要	一级科目	明细科目	记账√	借方金额	贷方金额
一台甲设备转入大修理	在建工程	甲设备		150 000.00	
大修理甲设备已提折旧	累计折旧			450 000.00	
一台甲设备转入大修理	固定资产	甲设备			600 000.00
合　计				600 000.00	600 000.00

会计主管　张重德　　记账　毛书平　　出纳　李文莲　　审核　黄小芳　　制单　顾玲玲

2) 发生修理费支出时

记 账 凭 证

2010 年 3 月 22 日　　　　　　　字第××号

摘　要	一级科目	明细科目	记账√	借方金额	贷方金额
甲设备修理支出	在建工程	甲设备		5 000.00	
付甲设备修理支出	银行存款				5 000.00
合　计				5 000.00	5 000.00

会计主管　张重德　　记账　毛书平　　出纳　李文莲　　审核　黄小芳　　制单　顾玲玲

9. 25 日:

1) 设备报废转入清理时

记 账 凭 证

2010 年 3 月 25 日　　　　　　　　　　字第××号

摘　要	一级科目	明细科目	记账√	借方金额	贷方金额
一台甲设备报废	固定资产清理			15 000.00	
报废甲设备已提折旧	累计折旧			185 000.00	
一台甲设备报废	固定资产	甲设备			200 000.00
合　　　计				200 000.00	200 000.00

附件×张

会计主管　张重德　　记账　毛书平　　出纳　李文莲　　审核　黄小芳　　制单　顾玲玲

2) 取得残料收入时

记 账 凭 证

2010 年 3 月 25 日　　　　　　　　　　字第××号

摘　要	一级科目	明细科目	记账√	借方金额	贷方金额
报废甲设备残料收入	银行存款			25 000.00	
报废甲设备残料收入	固定资产清理				25 000.00
合　　　计				25 000.00	25 000.00

附件×张

会计主管　张重德　　记账　毛书平　　出纳　李文莲　　审核　黄小芳　　制单　顾玲玲

3) 支付清理费用时

记 账 凭 证

2010 年 3 月 25 日　　　　　　　　　　　字第××号

摘　　要	一级科目	明细科目	记账√	借方金额	贷方金额
付清理费用	固定资产清理			1 500.00	
付清理费用	银行存款				1 500.00
合　　计				1 500.00	1 500.00

附件×张

会计主管　张重德　　记账　毛书平　　出纳　李文莲　　审核　黄小芳　　制单　顾玲玲

4) 计提应交纳的营业税时

记 账 凭 证

2010 年 3 月 25 日　　　　　　　　　　　字第××号

摘　　要	一级科目	明细科目	记账√	借方金额	贷方金额
报废的甲设备应交营业税	固定资产清理			1 250.00	
报废的甲设备应交营业税	应交税费	应交营业税			1 250.00
合　　计				1 250.00	1 250.00

附件×张

会计主管　张重德　　记账　毛书平　　出纳　李文莲　　审核　黄小芳　　制单　顾玲玲

5）清理完毕，结转损益时

记 账 凭 证

2010年3月25日　　　　　　　　　　字第××号

摘　要	一级科目	明细科目	记账√	借方金额	贷方金额
报废甲设备取得净收益	固定资产清理			7 250.00	
报废甲设备取得净收益	营业外收入				7 250.00
合　计				7 250.00	7 250.00

附件×张

会计主管　张重德　　记账　毛书平　　出纳　李文莲　　审核　黄小芳　　制单　顾玲玲

10. 31日

1）盘亏甲设备时

记 账 凭 证

2010年3月31日　　　　　　　　　　字第××号

摘　要	一级科目	明细科目	记账√	借方金额	贷方金额
盘亏甲设备一台	待处理财产损溢	待处理固定资产损溢		30 000.00	
盘亏的甲设备已计提折旧	累计折旧			120 000.00	
盘亏甲设备一台	固定资产	甲设备			150 000.00
合　计				150 000.00	150 000.00

附件×张

会计主管　张重德　　记账　毛书平　　出纳　李文莲　　审核　黄小芳　　制单　顾玲玲

经批准，盘亏甲设备作为营业外支出处理。

2) 计提当月固定资产折旧时

记 账 凭 证

2010 年 3 月 31 日　　　　　　　　字第××号

摘　要	一级科目	明细科目	记账√	借方金额	贷方金额
计提 3 月固定资产折旧	管理费用	折旧费		12 000.00	
计提 3 月固定资产折旧	制造费用	折旧费		15 000.00	
计提 3 月固定资产折旧	销售费用	折旧费		3 000.00	
计提 3 月固定资产折旧	累计折旧				30 000.00
合　计				30 000.00	30 000.00

附件×张

会计主管　张宝德　　记账　毛书平　　出纳　李文莲　　审核　黄小芳　　制单　顾玲玲

会计账簿的登记

一、固定资产明细账的登记

固定资产明细账

名称：甲设备

2010 年		凭证		摘　要	对应科目	单价	借　方		贷　方			结　存	
月	日	种类	号数				数量	金额	数量	转销金额	折旧金额	数量	金额
2	28			(略)	(略)	123 000	1	123 000.00				20	4 500 000.00
2	28			本月合计				123 000.00			4 000.00		
				本年累计				246 000.00			8 000.00		
3	12			甲设备安装完毕	在建工程	123 000	1	123 000.00				21	4 623 000.00
	22			一台甲设备转入大修理	在建工程等				1	600 000.00		20	4 023 000.00
	25			一台甲设备报废	固定资产清理 累计折旧				1	200 000.00		19	3 823 000.00
	31			盘亏甲设备一台	待处理财产损溢 累计折旧				1	150 000.00		18	3 673 000.00
3	31			本月合计				123 000.00		950 000.00	4 000.00		
				本年累计				369 000.00		950 000.00	12 000.00		

固定资产明细账

名称：乙设备

2010年		凭证		摘要	对应科目	单价	借方		贷方		结存	
月	日	种类	号数				数量	金额	数量	转销金额	折旧金额	数量	金额
2	28	(略)		(略)		100 000	1	100 000.00				15	1 800 000.00
2	28			本月合计				100 000.00			3 000.00		
				本年累计				100 000.00			6 000.00		
3	10			购入乙设备一台	银行存款		1	100 000.00				16	1 900 000.00
	20			W公司投入的乙设备	实收资本 资本公积		1	150 000.00				17	2 050 000.00
3	31			本月合计				250 000.00			3 000.00		
				本年累计				350 000.00			9 000.00		

固定资产明细账

名称：2号仓库

2010年		凭证		摘要	对应科目	单价	借方		贷方		结存	
月	日	种类	号数				数量	金额	数量	转销金额	折旧金额	数量	金额
3	18	(略)		2号仓库竣工投入使用	在建工程	800 000	1	800 000.00				1	800 000.00
3	31			本月合计				800 000.00					
				本年累计				800 000.00					

二、累计折旧账簿的登记

累 计 折 旧

2010 年		凭证号数	摘 要	对应科目	借 方	贷 方	借或贷	余 额
月	日							
2	28	(略)	(略)			30 000.00	贷	2 020 000.00
2	28		本月合计			30 000.00		
			本年累计			60 000.00		
3	22		大修理甲设备已提折旧	固定资产	450 000.00		贷	1 570 000.00
	25		报废甲设备已提折旧	固定资产	185 000.00		贷	1 385 000.00
	31		盘亏的甲设备已计提折旧	固定资产	120 000.00		贷	1 265 000.00
	31		计提 3 月固定资产折旧	管理费用制造费用销售费用		30 000.00	贷	1 295 000.00
3	31		本月合计		755 000.00	30 000.00		
			本年累计		755 000.00	90 000.00		

三、固定资产清理明细账的登记

固定资产清理

2010 年		凭证号数	摘 要	对应科目	借 方	贷 方	借或贷	余 额
月	日							
3	25	(略)	一台甲设备报废	固定资产	15 000.00			
	25		报废甲设备残料收入	银行存款		25 000.00		
	25		付甲设备报废清理费用	银行存款	1 500.00		贷	8 500.00

(续表)

2010年		凭证号数	摘要	对应科目	借方	贷方	借或贷	余额
月	日							
3	25	(略)	报废的甲设备应交营业税	应交税费	1 250.00			
	25		报废甲设备取得净收益	营业外收入	7 250.00		平	-0-
3	31		本月合计		25 000.00	25 000.00		
			本年累计		25 000.00	25 000.00		

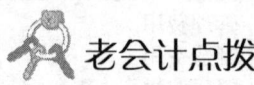 老会计点拨

一、固定资产的初始计量

固定资产应当按照成本进行初始计量,具体方法如下。

（一）外购的固定资产

外购固定资产的成本包括购买价款、使固定资产达到预定可使用状态前所发生的可归属于该项资产的运输费、装卸费、安装费和专业人员服务费等。以一笔款项购入多项没有单独标价的固定资产,应当按照各项固定资产公允价值比例对总成本进行分配,分别确定各项固定资产的成本。

（二）自行建造的固定资产

自行建造固定资产的成本由建造该项资产达到预定可使用状态前所发生的必要支出构成。

（三）投资者投入的固定资产

投资者投入固定资产的成本应当按照投资合同或协议约定的价值确定,但合同或协议约定价值不公允的除外。

二、固定资产折旧额的计提

应计提的折旧额是指应当计提折旧的固定资产的原价扣除其预计净残值后的金额。已计提减值准备的固定资产,还应当扣除已计提的固定资产减值准备累计金额。企业应当对所有固定资产计提折旧。但是,已提足折旧仍继续使用的固定资产和单独计价入账的土地除外。

(一)折旧的计提原则

固定资产应当按月计提折旧,并根据用途计入相关资产的成本或者当期损益,具体计提原则为:企业应当按月计提固定资产折旧,当月增加的固定资产,当月不计提折旧,从下月起计提折旧;当月减少的固定资产,当月仍计提折旧,从下月起停止计提折旧。提足折旧后,不管能否继续使用,均不再提取折旧;提前报废的固定资产,也不再补提折旧。

(二)折旧的计提方法

企业应当根据与固定资产有关的经济利益的预期实现方式,合理选择固定资产折旧方法。可选用的折旧方法包括平均年限法、工作量法、双倍余额递减法和年数总和法等。

1. 平均年限法

平均年限法是指按固定资产的使用年限平均计提折旧的一种方法。其折旧额的计算方法如下:

$$固定资产年折旧额 = 固定资产原价 -(预计残值收入 - 预计清理费用) \div 固定资产预计使用年限$$

$$固定资产月折旧额 = 固定资产年折旧额 \div 12$$

2. 工作量法

工作量法是指按实际工作量来计提固定资产折旧额的一种方法。其折旧额的计算方法如下:

$$单位工作量折旧额 = 固定资产原价 \times (1 - 预计净残值率) \div 总工作量$$

$$固定资产当月计提的折旧额 = 当月的工作总量 \times 单位工作量折旧额$$

3. 双倍余额递减法

双倍余额递减法是指在不考虑固定资产预计净残值的情况下,根据每期固定资产原价减去其累计折旧后的余额(注意：最后两年必须换成平均年限法计提)计算提取固定资产折旧的一种方法。其计算公式如下：

$$年折旧率 = 2 \div 预计的折旧年限 \times 100\%$$

$$月折旧率 = 年折旧率 \div 12$$

$$月折旧额 = 固定资产期初账面净值 \times 月折旧率$$

4. 年数总和法

年数总和法是将固定资产的原值减去预计净残值后的净额乘以一个逐年递减的分数计算每年的折旧额的一种方法。其计算公式如下：

$$年折旧率 = \frac{使用年数}{使用年数之和}$$

这个分数的分子代表固定资产尚可使用的年数，分母代表使用年限的逐年数字总和。

月折旧额的计算公式如下：

$$月折旧额 = (固定资产原价 - 预计净残值) \times 年折旧率 \div 12$$

企业应当根据与固定资产有关的经济利益的预期实现方式，合理选择固定资产折旧方法，固定资产的折旧方法一经确定，不得随意变更。但企业至少应当于每年年度终了，对固定资产的使用寿命、预计净残值和折旧方法进行复核。使用寿命预计数与原先估计数有差异的，应当调整固定资产使用寿命；预计净残值的预计数与原先估计数有差异的，应当调整预计净残值；与固定资产有关的经济利益预期实现方式有重大改变的，应当改变固定资产折旧方法；固定资产使用寿命、预计净残值和折旧方法的改变应当作为会计估计变更。

三、固定资产的处置

企业出售、转让、报废固定资产或发生固定资产毁损，应当将处置收入扣除账面价值和相关税费后的金额计入当期损益。固定资产的账面价值是固定资产成本扣减累计折旧和累计减值准备后的金额。

四、固定资产的盘点

为了保证固定资产的安全与完整，企业应对实际拥有的固定资产进行实物清查，并与固定资产进行账务核对，确定盘盈、毁损、报废及盘亏资产。固定资产盘亏造成的损失，应当计入当期损益；固定资产盘盈应作为前期差错处理，通过"以前年度损益调整"账户核算，即发现盘盈固定资产时，借记"固定资产"账户，贷记"以前年度损益调整"账户，批准后，再借记"以前年度损益调整"账户，贷记"利润分配"账户。

第五章　无形资产的核算

 无形资产核算要点

一、需要掌握的概念

无形资产是指企业拥有或者控制的没有实物形态的可辨认非货币性资产。可辨认性是指符合下列标准之一的情况：能够从企业中分离或者划分出来，并能单独或者与相关合同、资产或负债一起，用于出售、转移、授予许可、租赁或者交换；源自合同性权利或其他法定权利，无论这些权利是否可以从企业或其他权利和义务中转移或者分离。

二、需要设置的账户及其账户的用途

（一）设置"无形资产"账户

"无形资产"账户的借方登记无形资产增加的价值，贷方登记无形资产减少的价值，期末余额在借方，反映企业持有的无形资产的价值。

（二）设置"累计摊销"账户

"累计摊销"账户的借方登记减少的无形资产已计提的摊销的金额，贷方登记计提的无形资产摊销金额，期末余额在贷方，反映企业累计计提的无形资产摊销金额。

（三）设置"研发支出"账户

"研发支出"账户的借方登记研发支出的发生额，贷方登记研发支出转出的金额，期末余额在借方，反映了企业正在研发项目总共发生的费用金额。

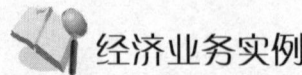 经济业务实例

江西长青股份有限公司 2010 年 2 月份发生的与无形资产相关的业务如下：

(1) 2 日,购入一项专利权,购入价为 100 000 元,款项已通过银行存款转付。

(2) 5 日,公司自行研究开发的一项专利权,本月已达到预定用途。研究开发这项专利技术共发生费用 300 000 元,其中:耗用甲材料 100 000 元,支付研发人员工资 120 000 元,在申请专利过程中发生专利登记费 15 000 元,律师费 5 000 元,其他相关费用 60 000 元。在这些费用中,符合资本化条件的支出为 250 000 元。

(3) 10 日,自行研究开发一项新的专利权,研究阶段领用甲材料 5 000 元。

(4) 12 日,出售一项专有技术,取得收入 80 000 元,应交营业税 4 000 元。该项专有技术的账面余额为 70 000 元,已摊销金额为 25 000 元。

(5) 15 日,收到出租专利技术租金 6 000 元。

(6) 20 日,报废一项专利技术,其账面余额为 300 000 元,该专利技术的摊销期为 10 年,采用的是平均年限法摊销,已摊销了 6 年,6 年累计摊销额为 180 000 元。报废时没有残值。

(7) 28 日,计提专利技术研究阶段工人工资 8 000 元、开发阶段工资 2 000 元。

(8) 28 日,计提当月无形资产摊销额 70 000 元,其中:出租无形资产摊销额为 3 000 元。

记账凭证的填制

1. 2 日

记 账 凭 证

2010 年 2 月 2 日　　　　　　　　　　　　字第××号

摘　要	一级科目	明细科目	记账 √	借方金额	贷方金额
购入专利权	无形资产	专利权		100 000.00	
付专利权款	银行存款				100 000.00
合　计				100 000.00	100 000.00

附件×张

会计主管　张宝德　　记账　毛书平　　出纳　李文莲　　审核　黄小芳　　制单　顾玲玲

2. 5日

记 账 凭 证

2010年2月5日　　　　　　　　　　　字第××号

摘　　要	一级科目	明细科目	记账√	借方金额	贷方金额
专利技术研发成功	无形资产	专利权		250 000.00	
专利技术研发中费用化开支	管理费用	研发费		50 000.00	
专利技术研发成功	研发支出	资本化支出			250 000.00
专利技术研发成功	研发支出	费用化支出			50 000.00
合　　计				300 000.00	300 000.00

附件×张

会计主管　张宝德　　记账　毛书平　　出纳　李文莲　　审核　黄小芳　　制单　顾玲玲

3. 10日

记 账 凭 证

2010年2月10日　　　　　　　　　　字第××号

摘　　要	一级科目	明细科目	记账√	借方金额	贷方金额
专利技术研究阶段领用甲材料	研发支出	费用化支出		5 000.00	
专利技术研究阶段领用甲材料	原材料	甲材料			5 000.00
合　　计				5 000.00	5 000.00

附件×张

会计主管　张宝德　　记账　毛书平　　出纳　李文莲　　审核　黄小芳　　制单　顾玲玲

4. 12 日

记 账 凭 证

2010 年 2 月 12 日　　　　　　　　　　　字第××号

摘　要	一级科目	明细科目	记账 √	借方金额	贷方金额
专有技术出售款存入	银行存款			80 000.00	
出售的专有技术已摊销额	累计摊销			25 000.00	
专有技术出售	无形资产	专有技术			70 000.00
出售专有技术应交营业税	应交税费	应交营业税			4 000.00
出售专有技术取得净收入	营业外收入	处置非流动资产利得			31 000.00
合　　计				105 000.00	105 000.00

附件×张

会计主管　张玉德　　记账　毛书平　　出纳　李文莲　　审核　黄小芳　　制单　顾玲玲

5. 15 日

记 账 凭 证

2010 年 2 月 15 日　　　　　　　　　　　字第××号

摘　要	一级科目	明细科目	记账 √	借方金额	贷方金额
专利技术出租收入存入	银行存款			6 000.00	
专利技术出租收入	其他业务收入				6 000.00
合　　计				6 000.00	6 000.00

附件×张

会计主管　张玉德　　记账　毛书平　　出纳　李文莲　　审核　黄小芳　　制单　顾玲玲

6. 20日

记 账 凭 证

2010年2月20日　　　　　　　　　字第××号

摘 要	一级科目	明细科目	记账√	借方金额	贷方金额
专利技术报废	累计摊销			180 000.00	
专利技术报废净损失	营业外支出	处置无形资产损失		120 000.00	
专利技术报废	无形资产	专利权			300 000.00
合　　计				300 000.00	300 000.00

附件×张

会计主管　张重德　　记账　毛书平　　出纳　李文莲　　审核　黄小芳　　制单　顾玲玲

7. 28日

记 账 凭 证

2010年2月28日　　　　　　　　　字第××号

摘 要	一级科目	明细科目	记账√	借方金额	贷方金额
专利技术研究阶段工人工资	研发支出	费用化支出		8 000.00	
专利技术开发阶段工人工资	研发支出	资本化支出		2 000.00	
应付研究人员工资	应付职工薪酬				10 000.00
合　　计				10 000.00	10 000.00

附件×张

会计主管　张重德　　记账　毛书平　　出纳　李文莲　　审核　黄小芳　　制单　顾玲玲

8. 28日

记 账 凭 证

2010年2月28日　　　　　　　　　字第××号

摘　要	一级科目	明细科目	记账√	借方金额	贷方金额
摊销无形资产	管理费用	无形资产摊销		67 000.00	
摊销出租无形资产	其他业务成本			3 000.00	
计提2月无形资产摊销额	累计摊销				70 000.00
合　　计				70 000.00	70 000.00

附件×张

会计主管　张重德　　记账　毛书平　　出纳　李文莲　　审核　黄小芳　　制单　顾玲玲

会计账簿的登记

一、无形资产明细账的登记

明 细 分 类 账

会计科目　<u>无形资产</u>
明细科目　<u>专利权</u>

2010年		凭证号数	摘　要	对应科目	借　方	贷　方	借或贷	余　额
月	日							
1	1	(略)	上年结转				借	800 500.00
2	2		购入专利权	银行存款	100 000.00		借	900 500.00
	5		专利技术研发成功	研发支出	250 000.00		借	1 150 500.00
	20		专利技术报废	营业外支出 累计摊销		300 000.00	借	850 500.00
2	28		本月合计		350 000.00	300 000.00		
			本年累计		350 000.00	300 000.00		

83

明 细 分 类 账

会计科目　无形资产
明细科目　专有技术

2010年		凭证号数	摘　要	对应科目	借　方	贷　方	借或贷	余　额
月	日							
1	1	(略)	上年结转				借	90 500.00
2	12		专有技术出售	银行存款 累计摊销		70 000.00	借	20 500.00
2	28		本月合计			70 000.00		
			本年累计			70 000.00		

二、累计摊销明细账户的登记

明 细 分 类 账

会计科目　累计摊销
明细科目　＿＿＿＿＿

2010年		凭证号数	摘　要	对应科目	借　方	贷　方	借或贷	余　额
月	日							
1	31	(略)	(略)				贷	450 500.00
1	31		本月合计			63 000.00		
			本年累计			63 000.00		
2	12		出售的专有技术已计摊销额	无形资产等	25 000.00		贷	425 500.00
	20		专利技术报废	无形资产	180 000.00		贷	245 500.00
	28		计提2月无形资产摊销额	管理费用 其他业务成本		70 000.00	贷	315 500.00
2	28		本月合计		205 000.00	70 000.00		
			本年累计		205 000.00	133 000.00		

三、研发支出明细账的登记

明 细 分 类 账

会计科目　研发支出
明细科目　资本化支出

2010年		凭证号数	摘　要	对应科目	借　方	贷　方	借或贷	余　额
月	日							
1	31	（略）	（略）				借	25 000.00
2	5		专利技术研发成功	无形资产		25 000.00	平	－0－
	28		专利技术开发阶段工人工资	应付职工薪酬	2 000.00		借	2 000.00
2	28		本月合计		2 000.00	25 000.00		
			本年累计		205 000.00	123 000.00		

明 细 分 类 账

会计科目　研发支出
明细科目　费用化支出

2010年		凭证号数	摘　要	对应科目	借　方	贷　方	借或贷	余　额
月	日							
1	31	（略）	（略）				借	50 000.00
1	31		本月合计		3 000.00			
			本年累计		3 000.00			
2	5		专利技术研发成功	管理费用		50 000.00	平	－0－
	5		专利技术研究阶段领用甲材料	原材料	5 000.00		借	5 000.00
	28		专利技术研究阶段工人工资	应付职工薪酬	8 000.00		借	13 000.00
2	28		本月合计		13 000.00	50 000.00		
			本年累计		16 000.00	50 000.00		

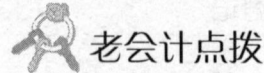 老会计点拨

一、无形资产的计量

无形资产应当按照成本进行初始计量。

（一）外购无形资产

外购无形资产的成本包括购买价款、相关税费以及直接归属于使该项资产达到预定用途所发生的其他支出。

（二）投资者投入的无形资产

投资者投入无形资产的成本应当按照投资合同或协议约定的价值确定，但合同或协议约定价值不公允的除外。

（三）自行开发的无形资产

企业内部研究开发项目的支出，应当区分研究阶段支出与开发阶段支出。研究是指为获取并理解新的科学或技术知识而进行的独创性的有计划的调查；开发是指在进行商业性生产或使用前，将研究成果或其他知识应用于某项计划或设计，以生产出新的或具有实质性改进的材料、产品等。

研究阶段的支出全部费用化，计入当期损益；开发阶段的支出符合资本化条件的予以资本化，不符合资本化条件的予以费用化。具体地讲，对发生的未满足资本化条件的研发支出，借记"研发支出——费用化支出"账户；对满足资本化条件的研发支出，借记"研发支出——资本化支出"账户。研究开发项目达到预定用途形成无形资产的，则借记"无形资产"科目，贷记"研发支出——资本化支出"账户；"研发支出——费用化支出"账户于发生当期转入"管理费用"账户，即借记"管理费用"账户，贷记"研发支出——费用化支出"账户。

二、无形资产的摊销

在摊销无形资产时，应注意以下事项。

（一）判断无形资产的使用寿命

企业应当于取得无形资产时分析判断其使用寿命。

无形资产的摊销金额为其成本扣除预计残值后的金额。已计提减值准备的

无形资产,还应扣除已计提的无形资产减值准备累计金额。使用寿命有限的无形资产,其残值应当视为零。

无法预见无形资产为企业带来经济利益期限的,应当视为使用寿命不确定的无形资产,使用寿命不确定的无形资产不应摊销。企业应当在每个会计期间对使用寿命不确定的无形资产的使用寿命进行复核。如果有证据表明无形资产的使用寿命是有限的,应当估计其使用寿命,并按使用寿命有限的无形资产进行相应的账务处理。

(二)无形资产摊销年限的确定

企业摊销无形资产,应当自无形资产可供使用时起,至不再作为无形资产确认时止,无形资产的摊销金额一般应当计入当期损益,其他会计准则另有规定的除外。

无形资产的使用寿命为有限的,应当在使用寿命内系统、合理地摊销,其摊销年限的确定方法如下:

首先,合同规定了受益年限但法律没有规定有效年限的,摊销年限不应超过合同规定的受益年限。

其次,合同没有规定受益年限但法律规定了有效年限的,摊销年限不应超过法律规定的有效年限。

再次,合同规定了受益年限,法律也规定了有效年限的,摊销年限不应超过受益年限和有效年限两者之中较短者。

最后,合同没有规定受益年限,法律也没有规定有效年限的,摊销年限不应超过 10 年。

企业选择的无形资产摊销方法,应当反映与该项无形资产有关的经济利益的预期实现方式。无法可靠确定预期实现方式的,应当采用直线法摊销。

企业至少应当于每年年度终了,对使用寿命有限的无形资产的使用寿命及摊销方法进行复核。无形资产的使用寿命及摊销方法与以前估计不同的,应当改变摊销期限和摊销方法。

第六章　借款的核算

 企业借款核算要点

一、需要掌握的概念

企业因急需资金的需要,往往会从银行借入一定的款项。企业按借款时间的长短,可分为短期借款和长期借款。

短期借款是指企业向银行或其他金融机构等借入的、期限在1年以下(含1年)的各种借款。

长期借款是指企业向银行或其他金融机构借入的、期限在1年以上(不含1年)或超过1年的一个营业周期以上的各种借款。

二、需要设置的账户及其账户的用途

（一）设置"短期借款"账户

"短期借款"账户的借方登记企业偿还的短期借款的金额,贷方登记企业增加的短期借款金额,期末余额在贷方,反映企业借入的短期借款的金额。

（二）设置"长期借款"账户

"长期借款"账户借方登记企业偿还的长期借款金额,贷方登记企业借入的长期借款金额,期末余额在借方,反映企业借入的长期借款金额。

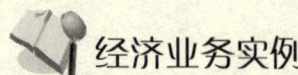 经济业务实例

江西长青股份有限公司2010年2月份发生的与借款相关的业务如下:

(1) 1日,从银行借入为期半年的借款200 000元,借款年利率为7%。

(2) 5日,从银行借入为期3年的借款,借款金额为800 000元,年利率为6%,借入的款项用于建造1号加工车间。

(3) 10日,一笔为期5个月的借款到期,借款金额为100 000元,年利率为7%。此笔借款为一次到期还本付息。

(4) 15日,一笔为期2年的一般借款到期,借款金额为500 000元,年利率为6%。此笔借款每满1年支付一次利息,当日偿还本金及最后1年的借款利息。

(5) 28日,计提2号加工车间建筑用长期借款的利息1 200元;计提从其他金融机构借入的短期借款利息1 800元。

 记账凭证的填制

1. 1日

记 账 凭 证

2010年2月1日　　　　　　　　　　　　　字第××号

摘　要	一级科目	明细科目	记账√	借方金额	贷方金额
借入半年期的借款	银行存款			200 000.00	
借入半年期的借款	短期借款				200 000.00
合　　计				200 000.00	200 000.00

附件×张

会计主管　张雪德　　记账　毛书平　　出纳　李文莲　　审核　黄小芳　　制单　顾玲玲

2. 5日

记 账 凭 证

2010 年 2 月 5 日　　　　　　　　字第××号

摘　要	一级科目	明细科目	记账√	借方金额	贷方金额
借入3年期的借款	银行存款			800 000.00	
借入3年期的借款	长期借款				800 000.00
合　　计				800 000.00	800 000.00

附件×张

会计主管　张重德　　记账　毛书平　　出纳　李文莲　　审核　黄小芳　　制单　顾玲玲

3. 10日

记 账 凭 证

2010 年 2 月 10 日　　　　　　　　字第××号

摘　要	一级科目	明细科目	记账√	借方金额	贷方金额
偿还借款（2009年9月10日借入）	短期借款			100 000.00	
支付利息：100 000×7%÷12×5	财务费用			2 916.67	
还本付息（2009年9月10日借入）	银行存款				102 916.67
合　　计				102 916.67	102 916.67

附件×张

会计主管　张重德　　记账　毛书平　　出纳　李文莲　　审核　黄小芳　　制单　顾玲玲

4. 15 日

记 账 凭 证

2010 年 2 月 15 日　　　　　　　　　　　字第××号

摘 要	一级科目	明细科目	记账√	借方金额	贷方金额
偿还借款（2月15日借入）	长期借款	本金		500 000.00	
支付利息：500 000×6%	财务费用	利息		30 000.00	
还本付息（2月15日借入）	银行存款				530 000.00
合　　计				530 000.00	530 000.00

附件×张

会计主管　张雪德　　记账　毛书平　　出纳　李文莲　　审核　黄小芳　　制单　顾玲玲

5. 28 日

记 账 凭 证

2010 年 2 月 28 日　　　　　　　　　　　字第××号

摘 要	一级科目	明细科目	记账√	借方金额	贷方金额
计提2号加工车间用借款利息	在建工程	2号加工车间		1 200.00	
计提其他金融机构借款利息	财务费用	利息		1 800.00	
计提2号加工车间用借款利息	应付利息				1 200.00
计提其他金融机构借款利息	应付利息				1 800.00
合　　计				3 000.00	3 000.00

附件×张

会计主管　张雪德　　记账　毛书平　　出纳　李文莲　　审核　黄小芳　　制单　顾玲玲

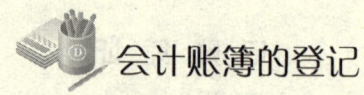
会计账簿的登记

一、短期借款明细账的登记

明 细 分 类 账

会计科目 短期借款
明细科目 _____

2010年		凭证号数	摘 要	对应科目	借 方	贷 方	借或贷	余 额
月	日							
1	1	(略)	上年结转				借	300 000.00
2	1		借入半年期的借款	银行存款		200 000.00	借	100 000.00
	10		偿还借款(2009年9月10日借入)	银行存款	100 000.00		借	200 000.00
2	28		本月合计		100 000.00	200 000.00		
			本年累计		100 000.00	200 000.00		

二、长期借款明细账的登记

明 细 分 类 账

会计科目 短期借款
明细科目 _____

2010年		凭证号数	摘 要	对应科目	借 方	贷 方	借或贷	余 额
月	日							
1	1	(略)	上年结转				借	900 000.00
2	5		借入3年期的借款	银行存款		800 000.00	借	100 000.00
	15		偿还借款(2月5日借入)	银行存款	500 000.00		借	600 000.00
2	28		本月合计		500 000.00	800 000.00		
			本年累计		500 000.00	800 000.00		

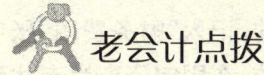 老会计点拨

一、借款费用的确认

借款费用是指企业因借款而发生的利息及其他相关成本。

第一,为购建或者生产符合资本化条件的资产而借入的借款所发生的费用,应当予以资本化,计入相关资产成本。

购建或者生产符合资本化条件的资产达到预定可使用或者可销售状态时,借款费用应当停止资本化。在符合资本化条件的资产达到预定可使用或者可销售状态之后所发生的借款费用,应当在发生时根据其发生额确认为费用,计入当期损益。

购建或者生产的符合资本化条件的资产的各部分分别完工,每部分在其他部分继续建造过程中可供使用或者可对外销售,且为使该部分资产达到预定可使用或可销售状态所必要的购建或者生产活动实质上已经完成的,应当停止与该部分资产相关的借款费用的资本化。

购建或者生产的资产的各部分分别完工,但必须等到整体完工后才可使用或者可对外销售的,应当在该资产整体完工时停止借款费用的资本化。

第二,其他借款费用应当在发生时根据其发生额确认为费用,计入当期损益。

二、借款利息的核算

(一)短期借款利息的核算

企业的短期银行借款利息是按月支付的,或者短期银行借款的利息数额不大时,可在实际支付借款利息时,借记"财务费用"账户,贷记"银行存款"等相关账户。如果短期借款利息是按季支付的或一次还本付息的,且利息数额较大的,可按月先计提,即借记"财务费用"账户,贷记"应付利息"账户;实际支付时,再借记"应付利息"账户,贷记"银行存款"等相关账户。

(二)长期借款利息的核算

长期借款计算确定的利息费用,具体账务处理方法如下:

（1）属于筹建期间的，记入"管理费用"账户。

（2）属于生产经营期间的，记入"财务费用"账户。

（3）用于购建固定资产的，在固定资产尚未达到预定可使用状态前，所发生的应当资本化的利息支出数，计入在建工程成本，即记入"在建工程"账户；固定资产达到预定可使用状态后发生的利息支出，以及按规定不予资本化的利息支出，记入"财务费用"账户。

第七章　应付款业务的核算

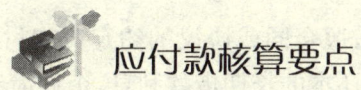应付款核算要点

一、需要掌握的概念

企业的应付款业务主要包括应付票据、应付账款、预收账款、应付职工薪酬、应交税费、应付利息、应付股利和其他应付款等。

（一）应付票据

应付票据是指企业因购买材料、商品和接受劳务供应等而开出的承兑商业汇票。商业汇票依照承兑人的不同，可分为银行承兑汇票和商业承兑汇票。

（二）应付账款

应付账款是指企业因购买材料、商品和接受劳务供应等而应付但尚未支付的款项。

（三）预收账款

预收账款是指企业按照合同或协议的约定向外单位预收的款项。

（四）应付职工薪酬

应付职工薪酬是指企业为获得职工提供的服务而应给予职工各种形式的报酬以及其他相关支出，具体包括以下几方面：

（1）职工工资、奖金、津贴和补贴。

（2）职工福利费。

（3）医疗保险费、养老保险费、失业保险费、工伤保险费和生育保险费等社会保险费。

（4）住房公积金。

（5）工会经费和职工教育经费。

（6）非货币性福利。

(7) 因解除与职工的劳动关系给予的补偿。

(8) 其他与获得职工提供的服务相关的支出。

（五）应交税费

应交税费是指企业按照税法的规定计算交纳的各种税费，如增值税、营业税、消费税、所得税等。

（六）应付利息

应付利息是指企业按照合同或协议的约定应支付的利息，如吸收存款应支付的利息、分期付息到期还本的长期借款利息、企业债券等应支付的利息。

（七）应付股利

应付股利是指企业应分配但尚未分配的现金股利或利润。

（八）其他应付款

其他应付款是指除以上款项之外的，企业应付、暂收的其他单位或个人的款项。

二、需要设置的账户及其账户的用途

（一）设置"应付票据"账户

"应付票据"账户的借方登记票据到期偿还的票据款，贷记登记开出的承兑商业汇票金额，期末余额在贷方，反映企业开出的尚未到期的商业汇票金额。

（二）设置"应付账款"账户

"应付账款"账户的借方登记偿还的应付款金额，贷方登记企业增加的应付尚未支付的金额，期末余额一般在贷方，反映企业尚未支付的货款金额。

（三）设置"预收账款"账户

"预收账款"账户的借方登记转销的预收款金额，贷方登记企业收到的预收款金额，期末余额一般在贷方，反映企业预收款项的金额。

（四）设置"应付职工薪酬"账户

"应付职工薪酬"账户的借方登记企业发放的职工薪酬金额，贷方登记应支付但尚未支付给职工的薪酬，期末余额在贷方，反映企业应付但尚未支付的职工薪酬。

（五）设置"应交税费"账户

"应交税费"账户的借方登记企业实际交纳的税费金额，贷方登记企业应交未交的税费金额，期末余额一般在贷方，反映企业应交未交的税费金额。

（六）设置"应付利息"账户

"应付利息"账户的借方登记企业实际支付的利息额,贷方登记企业应付未付的利息额,期末余额一般在贷方,反映企业应付但尚未支付的利息额。

（七）设置"应付股利"账户

"应付股利"账户的借方登记企业实际支付的现金股利或利润,贷方登记应付未付的股利或利润,期末余额在贷方,反映企业应付未付的现金股利或利润。

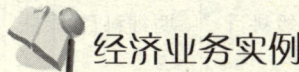

经济业务实例

江西长青股份有限公司2010年2月份发生的与应付款相关的业务如下：

（1）2日,从A公司购入一批甲材料,增值税专用发票上注明,甲材料价款为60 000元,增值税额为10 200元。材料已验收入库,公司开出一张70 200元的商业汇票。

（2）4日,从A公司购入一批乙材料,增值税专用发票上注明,乙材料价款为50 000元,增值税额为8 500元。材料已验收入库,款项尚未支付。

（3）6日,收到B公司转来的B产品预付款30 000元,用银行存款支付A公司上月货款35 100元。

（4）8日,转付公司上月应交增值税24 000元;销售B产品一批,增值税专用发票上注明,B产品的价款为260 000元,增值税额为44 200元,款项已存入银行。

（5）10日,以银行存款支付上年度C公司债券利息250 000元。支付A公司商业汇票款。

（6）12日,以银行存款转付经股东大会批准发放的现金股利150 000元。

（7）15日,从银行提取现金发放职工上月工资,金额总计80 000元。

（8）18日,A公司转来包装物押金5 000元;用银行存款转付B公司设备租金3 000元。

（9）22日,发出B产品到B公司,增值税专用发票上注明,B产品价款为25 000元,增值税额为4 250元。已知B公司于本月6日已预付了30 000元货款,余款开出转账支票退还B公司。

（10）28日,计提2号加工车间建筑用长期借款的利息1 200元;计提从其他金融机构借入的短期借款利息1 800元;计提职工当月应发工资120 000元,其中:行政人员工资12 000元,销售部人员工资38 000元,A产品生产工人工资40 000元,B产品生产工人工资30 000元;计提本月应交城市维护建设税4 700.50元。

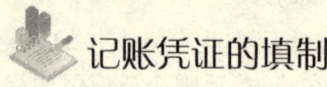 记账凭证的填制

1. 2日

记 账 凭 证

2010年2月2日　　　　　　　　　　字第××号

摘 要	一级科目	明细科目	记账√	借方金额	贷方金额
购入甲材料	原材料	甲材料		60 000.00	
甲材料进项税额	应交税费	应交增值税（进项税额）		10 200.00	
A公司甲材料款	应付票据	A公司			70 200.00
合　　计				70 200.00	70 200.00

附件×张

会计主管　张雪德　　记账　毛书平　　出纳　李文莲　　审核　黄小芳　　制单　顾玲玲

2. 4日

记 账 凭 证

2010年2月4日　　　　　　　　　　字第××号

摘 要	一级科目	明细科目	记账√	借方金额	贷方金额
购入乙材料	原材料	乙材料		50 000.00	
乙材料进项税额	应交税费	应交增值税（进项税额）		8 500.00	
A公司乙材料款	应付账款	A公司			58 500.00
合　　计				58 500.00	58 500.00

附件×张

会计主管　张雪德　　记账　毛书平　　出纳　李文莲　　审核　黄小芳　　制单　顾玲玲

3. 6日

1) 收到B公司预付款时

记 账 凭 证

2010年2月6日　　　　　　　　　　字第××号

摘　要	一级科目	明细科目	记账√	借方金额	贷方金额
B公司预付款存入	银行存款			30 000.00	
B公司预付款存入	预收账款	B公司			30 000.00
合　　计				30 000.00	30 000.00

附件×张

会计主管　张宝德　　记账　毛书平　　出纳　李文莲　　审核　黄小芳　　制单　顾玲玲

2) 支付A公司上月货款时

记 账 凭 证

2010年2月6日　　　　　　　　　　字第××号

摘　要	一级科目	明细科目	记账√	借方金额	贷方金额
付A公司货款	应付账款	A公司		35 100.00	
付A公司货款	银行存款				35 100.00
合　　计				35 100.00	35 100.00

附件×张

会计主管　张宝德　　记账　毛书平　　出纳　李文莲　　审核　黄小芳　　制单　顾玲玲

4. 8日

1) 交纳税费时

记 账 凭 证

2010年2月8日　　　　　　　　　　字第××号

摘　要	一级科目	明细科目	记账√	借方金额	贷方金额
交1月增值税	应交税费	应交增值税（已交增值税）		24 000.00	
交1月城市维护建设税	应交税费	应交城市维护建设税		1 680.00	
交1月税费	银行存款				25 680.00
合　　计				25 680.00	25 680.00

附件×张

会计主管　张重德　　记账　毛书平　　出纳　李文莲　　审核　黄小芳　　制单　顾玲玲

2) 取得B产品销售收入时

记 账 凭 证

2010年2月8日　　　　　　　　　　字第××号

摘　要	一级科目	明细科目	记账√	借方金额	贷方金额
B产品货款存入	银行存款			304 200.00	
B产品销售收入	主营业务收入				260 000.00
B产品销项税额	应交税费	应交增值税（销项税额）			44 200.00
合　　计				304 200.00	304 200.00

附件×张

会计主管　张重德　　记账　毛书平　　出纳　李文莲　　审核　黄小芳　　制单　顾玲玲

5. 10日

1）支付债券利息时

记 账 凭 证

2010年2月10日　　　　　　　　　　字第××号

摘　　要	一级科目	明细科目	记账√	借方金额	贷方金额
支付上年度债券利息	应付利息			250 000.00	
支付上年度债券利息	银行存款				250 000.00
合　　计				250 000.00	250 000.00

附件×张

会计主管　张重德　　记账　毛书平　　出纳　李文莲　　审核　黄小芳　　制单　顾玲玲

2）支付A公司商业汇票款时

记 账 凭 证

2010年2月10日　　　　　　　　　　字第××号

摘　　要	一级科目	明细科目	记账√	借方金额	贷方金额
A公司票据款	应付票据	A公司		58 500.00	
A公司票据款	银行存款				58 500.00
合　　计				58 500.00	58 500.00

附件×张

会计主管　张重德　　记账　毛书平　　出纳　李文莲　　审核　黄小芳　　制单　顾玲玲

6. 12日

记 账 凭 证

2010年2月12日　　　　　　　　　字第××号

摘　要	一级科目	明细科目	记账√	借方金额	贷方金额
支付现金股利	应付股利	C公司		150 000.00	
支付现金股利	银行存款				150 000.00
合　　计				150 000.00	150 000.00

附件×张

会计主管　张宝德　　记账　毛书平　　出纳　李文莲　　审核　黄小芳　　制单　顾玲玲

7. 15日

记 账 凭 证

2010年2月15日　　　　　　　　　字第××号

摘　要	一级科目	明细科目	记账√	借方金额	贷方金额
支付1月职工工资	应付职工薪酬			80 000.00	
支付1月职工工资	库存现金				80 000.00
合　　计				80 000.00	80 000.00

附件×张

会计主管　张宝德　　记账　毛书平　　出纳　李文莲　　审核　黄小芳　　制单　顾玲玲

8. 18 日

1) 收到 A 公司转来的包装物押金时

记 账 凭 证

2010 年 2 月 18 日　　　　　　　　　　字第××号

摘　　要	一级科目	明细科目	记账 √	借方金额	贷方金额
A 公司包装物押金存入	银行存款			5 000.00	
A 公司包装物押金存入	其他应付款	A 公司			5 000.00
合　　计				5 000.00	5 000.00

附件×张

会计主管　张重德　　记账　毛书平　　出纳　李文莲　　审核　黄小芳　　制单　顾玲玲

2) 转付 B 公司设备租金时

记 账 凭 证

2010 年 2 月 18 日　　　　　　　　　　字第××号

摘　　要	一级科目	明细科目	记账 √	借方金额	贷方金额
转付 B 公司设备租金	其他应付款	B 公司		3 000.00	
转付 B 公司设备租金	银行存款				3 000.00
合　　计				3 000.00	3 000.00

附件×张

会计主管　张重德　　记账　毛书平　　出纳　李文莲　　审核　黄小芳　　制单　顾玲玲

9. 22 日

1) 发出 B 产品时

记 账 凭 证

2010 年 2 月 22 日　　　　　　　　字第 ×× 号

摘　　要	一级科目	明细科目	记账 √	借方金额	贷方金额
发 B 产品到 B 公司	预收账款	B 公司		29 250.00	
B 产品销售收入	主营业务收入				25 000.00
B 产品销售税	应交税费	应交增值税（销项税）			4 250.00
合　　计				29 250.00	29 250.00

附件×张

会计主管　张重德　记账　毛书平　出纳　李文莲　审核　黄小芳　制单　顾玲玲

2) 退还 B 公司预收款时

记 账 凭 证

2010 年 2 月 22 日　　　　　　　　字第 ×× 号

摘　　要	一级科目	明细科目	记账 √	借方金额	贷方金额
退还 B 公司多余预付款（30 000－29 250）	预收账款	B 公司		750.00	
退还 B 公司多余预付款	银行存款				750.00
合　　计				750.00	750.00

附件×张

会计主管　张重德　记账　毛书平　出纳　李文莲　审核　黄小芳　制单　顾玲玲

10. 28日

1) 计提加工车间用的长期借款利息时

记 账 凭 证

2010年2月28日　　　　　　　　　　　字第××号

摘　　要	一级科目	明细科目	记账√	借方金额	贷方金额
计提长期借款利息	在建工程	2号加工车间		1 200.00	
计提2号加工车间用的长期借款利息	应付利息				1 200.00
合　　计				1 200.00	1 200.00

附件×张

会计主管　张雪德　　记账　毛书平　　出纳　李文莲　　审核　黄小芳　　制单　顾玲玲

2) 计提短期借款利息时

记 账 凭 证

2010年2月28日　　　　　　　　　　　字第××号

摘　　要	一级科目	明细科目	记账√	借方金额	贷方金额
计提短期借款利息	财务费用	利息		1 800.00	
计提短期借款利息	应付利息				1 800.00
合　　计				1 800.00	1 800.00

附件×张

会计主管　张雪德　　记账　毛书平　　出纳　李文莲　　审核　黄小芳　　制单　顾玲玲

3) 计提当月应发职工工资时

记 账 凭 证

2010 年 2 月 28 日　　　　　　　　字第××号

摘　要	一级科目	明细科目	记账√	借方金额	贷方金额
计提2月行政人员工资	管理费用	工资		12 000.00	
计提2月销售部人员工资	销售费用	工资		38 000.00	
计提2月A产品生产工人工资	生产成本	A产品		40 000.00	
计提2月B产品生产工人工资	生产成本	B产品		30 000.00	
计提2月职工工资	应付职工薪酬				120 000.00
合　计				120 000.00	120 000.00

附件×张

会计主管　张雪德　　记账　毛书平　　出纳　李文莲　　审核　黄小芳　　制单　顾玲玲

4) 计提城市维护建设税时

记 账 凭 证

2010 年 2 月 28 日　　　　　　　　字第××号

摘　要	一级科目	明细科目	记账√	借方金额	贷方金额
计提2月应交城市维护建设税	营业税金及附加			4 700.50	
计提2月应交城市维护建设税	应交税费	应交城市维护建设税			4 700.50
合　计				4 700.50	4 700.50

附件×张

会计主管　张雪德　　记账　毛书平　　出纳　李文莲　　审核　黄小芳　　制单　顾玲玲

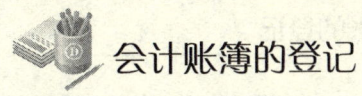 会计账簿的登记

一、应付票据明细账的登记

明 细 分 类 账

会计科目　**应付票据**
明细科目　**A公司**

2010年		凭证号数	摘　要	对应科目	借　方	贷　方	借或贷	余　额
月	日							
1	1	(略)	上年结转				贷	58 500.00
2	2		A公司甲材料款	原材料 应交税费		70 200.00	贷	128 700.00
	10		A公司票据款	银行存款	58 500.00		贷	70 200.00
2	28		本月合计		58 500.00	70 200.00		
			本年累计		58 500.00	70 200.00		

二、应付账款明细账的登记

明 细 分 类 账

会计科目　**应付账款**
明细科目　**A公司**

2010年		凭证号数	摘　要	对应科目	借　方	贷　方	借或贷	余　额
月	日							
1	31	(略)	(略)			35 100.00	贷	35 100.00
1	31		本月合计			35 100.00		
			本年累计			35 100.00		
2	4		A公司乙材料款	原材料 应交税费		58 500.00	贷	93 600.00
	6		付A公司货款	银行存款	35 100.00		贷	58 500.00
2	28		本月合计		35 100.00	58 500.00		
			本年累计		35 100.00	93 600.00		

三、预收账款明细账的登记

明 细 分 类 账

会计科目　预收账款
明细科目　B公司

2010年		凭证号数	摘要	对应科目	借方	贷方	借或贷	余额
月	日							
2	6	（略）	B公司预付款存入	银行存款		30 000.00	贷	30 000.00
	22		发B产品到B公司	主营业务收入 应交税费	29 250.00		贷	750.00
	22		退还B公司多余预付款	银行存款	750.00		平	- 0 -
2	28		本月合计		30 000.00	30 000.00		
			本年累计		30 000.00	30 000.00		

四、应付职工薪酬明细账的登记

明 细 分 类 账

会计科目　应付职工薪酬
明细科目　_____

2010年		凭证号数	摘要	对应科目	借方	贷方	借或贷	余额
月	日							
1	31	（略）	计提1月职工工资			80 000.00	贷	80 000.00
1	31		本月合计			80 000.00		
			本年累计			80 000.00		
2	15		支付1月职工工资	库存现金	80 000.00		平	- 0 -
	28		计提2月职工工资	管理费用 销售费用 生产成本		120 000.00	贷	120 000.00
2	28		本月合计		80 000.00	120 000.00		
			本年累计		80 000.00	200 000.00		

五、应交税费明细账的登记

应交税费(应交增值税)明细账

2010年		凭证号数	摘要	对应科目	借方		贷方		借或贷	余额
月	日				进项税额	已交税金	销项税额	进项税额转出		
1	31	(略)	(略)				56 000.00		贷	24 000.00
1	31		本月合计		17 000.00	15 000.00	56 000.00			
			本年累计		17 000.00		56 000.00			
2	2		甲材料进项税额	应付票据	10 200.00				贷	13 800.00
	4		乙材料进项税额	应付账款	8 500.00				贷	5 300.00
	8		交1月增值税	银行存款		24 000.00			借	18 700.00
	8		B产品销项税额	银行存款 主营业务收入			44 200.00		贷	25 500.00
	22		B产品销售税	预收账款			4 250.00		贷	29 750.00
2	28		本月合计		18 700.00	24 000.00	48 450.00			
			本年累计		35 700.00	39 000.00	104 450.00			

应付税费(应交城市维护建设税)明细账

2010年		凭证号数	摘要	对应科目	借方	贷方	借或贷	余额
月	日							
1	31	(略)	(略)			1 680.00	贷	1 680.00
1	31		本月合计			1 680.00		
			本年累计			1 680.00		
2	8		交1月城市维护建设税	银行存款	1 680.00		平	-0-
	28		计提2月应交城市维护建设税	营业税金及附加		4 700.50	贷	4 700.50
2	28		本月合计		1 680.00	6 380.50		
			本年累计		1 680.00	6 380.50		

六、应付利息明细账的登记

明细分类账

会计科目　应付利息
明细科目　B公司

2010年		凭证号数	摘要	对应科目	借方	贷方	借或贷	余额
月	日							
1	31	(略)	(略)			1 800.00	贷	280 000.00
1	31		本月合计			3 000.00		
			本年累计			3 000.00		
2	10		支付上年度债券利息	银行存款	250 000.00		贷	30 000.00
	28		计提2号加工车间用的长期借款利息	在建工程		1 200.00	贷	31 200.00
	28		计提短期借款利息	财务费用		1 800.00	贷	33 000.00
2	28		本月合计		250 000.00	3 000.00		
			本年累计		250 000.00	6 000.00		

七、应付股利明细账的登记

明细分类账

会计科目　应付股利
明细科目　C公司

2010年		凭证号数	摘要	对应科目	借方	贷方	借或贷	余额
月	日							
1	31	(略)	上年结转				贷	155 000.00
2	10		支付现金股利	银行存款	150 000.00		贷	5 000.00
2	28		本月合计		150 000.00			
			本年累计		150 000.00			

老会计点拨

应付款项是企业在经济业务结算过程中发生的负债,会计人员在核算过程中应认真、仔细、及时核对账目,以保证企业债务核算的准确。

一、应付票据核算点拨

应付票据核算的商业汇票根据其是否带息,可分为带息商业汇票和不带息商业汇票,在第二章的内容中已讲述,在此不再赘述,这里主要阐述两种票据的账务处理方法。

(一)带息应付票据的账务处理

带息应付票据要在票据的存续期间根据票面利率计算应付利息,并相应增加应付票据的账面价值,即借记"应付票据"账户,贷记"应付利息"账户。

票据到期后,无法及时支付带息票据款的,应转入"应付账款"账户,即借记"应付账款"账户,贷记"应付票据"账户,期末时不再计提商业汇票利息。

(二)不带息应付票据的账务处理

不带息应付票据实际上已将利息包含在面值之内,表现为隐含利息。对不带息应付票据中所隐含的利息,在实际工作中视为不带息,不需要单独核算,而是按商业汇票的面值记录。

二、应付账款核算点拨

在实际工作中,应付账款的入账金额一般有以下两种情况:

第一种情况:不含现金折扣。在不含现金折扣的情况下,应付账款的入账价值按实际购货金额入账。

第二种情况:含现金折扣。在这种情况下,应付账款的入账金额有总价法和净价法两种,总价法是指按没有扣除任何现金折扣的金额入账的方法;净价法是指按扣除现金折扣后的金额入账的方法。

三、预收账款核算点拨

预收账款是买卖双方根据合同或协议的规定,由购货方预先支付一部分货款给供应方而发生的一项负债,对于预收账款业务不多的企业,也可不设置"预收账款"账户,而直接通过"应收账款"账户核算,即企业收到预收账款时,借记"银行存款"相关账户,贷记"应收账款"账户;企业发出货物时,借记"应收账款"账户,贷记"主营业务收入"、"应交税费"等相关账户。

四、应付职工薪酬核算点拨

在对职工薪酬进行核算时,应当根据职工提供服务的受益对象进行不同的账务处理,即计提生产工人的薪酬时,借记"生产成本"账户;计提车间管理人员的薪酬时,借记"制造费用"账户;计提在建工程工人的薪酬时,借记"在建工程"账户;计提企业行政人员的薪酬时,借记"管理费用"账户;计提销售部人员的薪酬时,借记"销售费用"账户。

五、应交税费核算点拨

应交税费是用来核算企业按税法规定应当交纳的各种税费,主要包括增值税、营业税、消费税、城市维护建设税、企业所得税和个人所得税等。

(一) 增值税的核算

增值税是指在我国境内销售货物或者提供加工、修理修配劳务以及进口货物的单位和个人交纳的一种流转税。

1. 进项税额的核算

企业购入货物时,借记"原材料"、"库存商品"等相关账户及"应交税费——应交增值税(进项税额)"账户,贷记"银行存款"、"应付账款"、"应付票据"等相关账户。

2. 销项税额的核算

企业销售商品时,借记"银行存款"、"应收账款"、"应收票据"等相关账户,贷记"主营业务收入"等相关账户及"应交税费——应交增值税(销项税额)"账户。

3. 交纳增值税的核算

交纳的增值税,借记"应交税费——应交增值税(已交税金)"账户,贷记"银行存款"账户。

企业(小规模纳税人)购入材料不能抵扣增值税的,发生的增值税计入材料成本,借记"材料采购"、"在途物资"等账户,贷记"应交税费——应交增值税"账户。

(二)营业税的核算

营业税是指在我国境内提供应税劳务、转让无形资产或者销售不动产的单位和个人交纳的一种流转税。

计提当月应交纳的营业税时,借记"营业税金及附加"账户,贷记"应交税费——应交营业税"账户;实际交纳营业税时,借记"应交税费——应交营业税"账户,贷记"银行存款"账户。

(三)消费税的核算

消费税是指在我国境内生产、委托加工和进口应税消费品的单位和个人交纳的一种流转税。

计提当月应交纳的消费税时,借记"营业税金及附加"账户,贷记"应交税费——应交消费税"账户;实际交纳消费税时,借记"应交税费——应交消费税"账户,贷记"银行存款"账户。

(四)城市维护建设税的核算

凡交纳产品税、增值税、营业税的单位和个人,都需要交纳城市维护建设税,它是以纳税人实际交纳的增值税、消费税、营业税额为计税依据的。

计提当月应交纳的城市维护建设税时,借记"营业税金及附加"账户,贷记"应交税费——应交城市维护建设税"账户;实际交纳时,借记"应交税费——应交城市维护建设税"账户,贷记"银行存款"账户。

(五)企业所得税的核算

企业所得税是指在我国境内的企业,除外商投资企业和外国企业,就其生产、经营所得和其他所得按税法规定交纳的一种税费。

计提当月应交纳的企业所得税时,借记"所得税费用"账户,贷记"应交税费——应交所得税"账户;实际交纳时,借记"应交税费——应交所得税"账户,贷记"银行存款"账户。

(六)个人所得税的核算

个人所得税是指在中国境内有住所、无住所而在境内居住满1年的个人,或在中国境内无住所又不居住或者无住所而在境内居住不满1年的个人,就其从中国境内和境外取得的所得,根据税法的规定交纳的一种税。

当月按规定计算应代扣代交的职工个人所得税时,借记"应付职工薪酬"账户,贷记"应交税费——应交个人所得税"账户;实际交纳个人所得税时,借记"应交税费——应交个人所得税"账户,贷记"银行存款"账户。

第八章 应付债券与长期应付款的核算

 应付债券与长期应付款核算要点

一、需要掌握的概念

应付债券是指企业为筹集长期使用资金而实际发行的债券,它是企业筹集长期资金的一种重要方式。

长期应付款是指应付引进设备款、应付融资租入固定资产的租赁费等除了长期借款和应付债券以外的长期负债。

二、需要设置的账户及其账户的用途

(一)设置"应付债券"账户

"应付债券"账户的借方登记偿还的债券的本金和债券利息,贷方登记企业发行的债券及其应支付的债券利息,期末余额在贷方,反映企业尚未偿还的债券本息。

(二)设置"长期应付款"账户

"长期应付款"账户的借方登记归还的应付款金额,贷方登记发生的应付款金额,期末余额在贷方,反映企业尚未偿还的长期应付款金额。

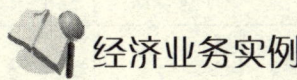 经济业务实例

江西长青股份有限公司 2010 年 2 月份发生的与应付债券和长期应付款相关的业务如下:

(1) 1 日,为建造新的厂房而发行为期 3 年的债券,发行总额为 20 000 000 元,债券年利率为 8%。债券采取溢价发行的方式,实际售价为 20 500 000 元,款项已存入银行。

(2) 10 日,采用补偿贸易方式引进一套不需要安装的设备,该设备价款为 500 000 美元,当日美元对人民币汇率的中间价为 1 美元=人民币 6.827 1 元。

(3) 15 日,为期 5 年的债券到期,用银行存款偿还本金和利息,已知债券的本金为 80 000 000 元,利息为 1 500 000 元。

(4) 20 日,采用融资租赁方式租入一套大型生产设备,合同确定的租赁价为 900 000 元,租赁合同规定,租赁费分 5 年支付,于每年的 2 月 20 日支付。已知该设备的使用年限为 5 年,折旧方法采用的是直线法。

(5) 28 日,计提建造厂房发行的债券利息。

 记账凭证的填制

会计人员根据以上业务所取得的合法原始单据在记账凭证上填制会计分录。

1. 1 日

记 账 凭 证

2010 年 2 月 1 日　　　　　　　　字第××号

摘　要	一级科目	明细科目	记账√	借方金额	贷方金额
发行债券款存入	银行存款			20 500 000.00	
发行债券面值	应付债券	面值			20 000 000.00
债券溢价发行,利息调整额	应付债券	利息调整			500 000.00
合　计				20 500 000.00	20 500 000.00

附件×张

会计主管　张重德　　记账　毛书平　　出纳　李文莲　　审核　黄小芳　　制单　顾玲玲

第八章 应付债券与长期应付款的核算

2. 10 日

记 账 凭 证

2010 年 2 月 10 日　　　　　　　　　字第××号

摘要	一级科目	明细科目	记账√	借方金额	贷方金额
引进一套设备（500 000 美元）	固定资产	设备		3 413 550.00	
应付引进设备款：500 000×6.827 1	长期应付款	引进设备款			3 413 550.00
合　　计				3 413 550.00	3 413 550.00

附件×张

会计主管　张重德　　记账　毛书平　　出纳　李文莲　　审核　黄小芳　　制单　顾玲玲

3. 15 日

记 账 凭 证

2010 年 2 月 15 日　　　　　　　　　字第××号

摘要	一级科目	明细科目	记账√	借方金额	贷方金额
债券到期，偿还本金	应付债券	面值		80 000 000.00	
债券到期，偿还债券利息	应付债券	应计利息		1 500 000.00	
偿还债券本金及利息	银行存款				81 500 000.00
合　　计				81 500 000.00	81 500 000.00

附件×张

会计主管　张重德　　记账　毛书平　　出纳　李文莲　　审核　黄小芳　　制单　顾玲玲

4. 20 日

1) 融资租入生产设备时

记 账 凭 证

2010 年 2 月 20 日　　　　　　　　　字第××号

摘　要	一级科目	明细科目	记账√	借方金额	贷方金额
融资租入生产设备	固定资产	设备		900 000.00	
应付融资租入生产设备款	长期应付款	融资租入款			900 000.00
合　计				900 000.00	900 000.00

附件×张

会计主管　张圣德　　记账　毛书平　　出纳　李文莲　　审核　黄小芳　　制单　顾玲玲

2) 支付首笔融资款时

记 账 凭 证

2010 年 2 月 20 日　　　　　　　　　字第××号

摘　要	一级科目	明细科目	记账√	借方金额	贷方金额
付 2010 年 2 月 20 日至 2011 年 2 月 20 日融资租入生产设备款	长期应付款	融资租入款		180 000.00	
付 2010 年 2 月 20 日至 2011 年 2 月 20 日融资租入生产设备款	银行存款				180 000.00
合　计				180 000.00	180 000.00

附件×张

会计主管　张圣德　　记账　毛书平　　出纳　李文莲　　审核　黄小芳　　制单　顾玲玲

5. 28日

记 账 凭 证

2010年2月28日　　　　　　　　　　　　　字第××号

摘 要	一级科目	明细科目	记账√	借方金额	贷方金额
计提债券利息	在建工程	厂房		500 000.00	
计提债券利息：20 000 000×8‰÷12	应付债券	应计利息			133 333.33
溢价利息调整	应付债券	利息调整			366 666.67
合　　计				500 000.00	500 000.00

附件×张

会计主管　张重德　　记账　毛书平　　出纳　李文莲　　审核　黄小芳　　制单　顾玲玲

会计账簿的登记

一、应付债券明细账的登记

明细分类账

会计科目　**应付债券**
明细科目　**面值**

2010年		凭证号数	摘 要	对应科目	借 方	贷 方	借或贷	余 额
月	日							
1	31	（略）	上年结转				贷	80 000 000.00
2	1		发行债券面值	银行存款		20 000 000.00	贷	100 000 000.00
	15		债券到期，偿还本金	银行存款	80 000 000.00		贷	20 000 000.00
2	28		本月合计		80 000 000.00	20 000 000.00		
			本年累计		80 000 000.00	20 000 000.00		

明 细 分 类 账

会计科目　应付债券
明细科目　利息调整

2010年		凭证号数	摘　要	对应科目	借　方	贷　方	借或贷	余　额
月	日							
2	1	(略)	债券溢价发行,利息调整额	银行存款		500 000.00	贷	500 000.00
	28		溢价利息调整	在建工程		366 666.67	贷	866 666.67
2	28		本月合计			866 666.67		
			本年累计			866 666.67		

明 细 分 类 账

会计科目　应付债券
明细科目　应计利息

2010年		凭证号数	摘　要	对应科目	借　方	贷　方	借或贷	余　额
月	日							
1	1	(略)	上年结转				贷	1 500 000.00
2	15		债券到期,偿还债券利息	银行存款	1 500 000.00		平	－0－
	28		计提债券利息：20 000 000×8‰÷12	在建工程		133 333.33	贷	133 333.33
2	28		本月合计		1 500 000.00	133 333.33		
			本年累计		1 500 000.00	133 333.33		

二、长期应付款明细账的登记

明 细 分 类 账

会计科目　长期应付款
明细科目　引进设备款

2010年		凭证号数	摘要	对应科目	借方	贷方	借或贷	余额
月	日							
2	10	（略）	应付引进设备款：500 000×6.827 1	固定资产		3 413 550.00	贷	3 413 550.00
2	28		本月合计			3 413 550.00		
			本年累计			3 413 550.00		

明 细 分 类 账

会计科目　长期应付款
明细科目　融资租入款

2010年		凭证号数	摘要	对应科目	借方	贷方	借或贷	余额
月	日							
2	20	（略）	应付融资租入生产设备款	固定资产		900 000.00	贷	900 000.00
	20		付2010年2月20日至2011年2月20日融资租入生产设备款	银行存款	180 000.00		贷	720 000.00
2	28		本月合计		180 000.00	900 000.00		
			本年累计		180 000.00	900 000.00		

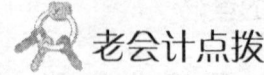# 老会计点拨

一、应付债券核算点拨

债券的发行方式有三种,即按面值发行、溢价发生和折价发行。会计人员应在"应付债券"账户下设置"面值"、"利息调整"、"应计利息"等明细账户来进行核算。

企业发行债券时,应按实际收到的债券金额,借记"银行存款"等账户,贷记"应付债券——面值"账户,面值与实际售价之间的差额,借记或贷记"应付债券——利息调整"账户。

在实际工作中,核算应付债券时,应注意以下几个问题:

首先,按面值发行的债券,在每月计提债券利息时,应当根据受益对象分别计入相关成本,如记入"在建工程"、"财务费用"、"研发支出"等相应账户。

其次,分期付息、到期一次还本的债券,计息出的应付债券利息,应通过"应付利息"账户核算;对于一次还本付息的债券,其按票面利率计算应付债券利息,则应通过"应付债券——应计利息"账户核算。

二、长期应付款核算点拨

从国外引进设备发生的应计利息和因外币折合率的变动发生的汇兑损益,在引进设备安装调试完毕、交付使用之前发生的,计入设备成本;设备交付使用之后发生的,记入"财务费用"账户。

融资租入的固定资产,应按租赁开始日租入资产的原账面价值与最低租赁付款额的现值两者中较低者作为入账价值,两者的差额记入"未确认融资费用"账户。租赁期满,当合同规定将设备所有权转归承租企业,应当进行转账,即将"融资租入固定资产"明细账户转入相关明细账户,如借记"固定资产——生产用固定资产"账户,贷记"固定资产——融资租赁固定资产"账户。

第九章　股东权益的核算

 所有者权益核算要点

一、需要掌握的概念

所有者权益的来源途径主要有投资者投入的资本、直接计入所有者权益的利得和损失、留存收益等。

所有者权益又称净资产,是指总资产中扣除负债所余下的部分,具体表现为实收资本(股本)、资本公积、盈余公积和未分配利润之和,它反映了股东在企业资产中享有的经济利益。

实收资本是指投资者按照企业章程或合同、协议的约定,作为资本投入企业的各种财产,包括货币资金、固定资产、无形资产和库存商品等。

资本公积是指企业收到投资者的超出其在企业注册资本所占份额,以及直接计入所有者权益的利得和损失等,主要表现为资本溢价、股本溢价、其他资本公积、资产评估增值、捐赠资本和资本折算差额等。

盈余公积是指企业按照规定从净利润中提取的企业积累资金,包括法定盈余公积和任意盈余公积。

未分配利润是企业实现的净利润经过弥补亏损、提取盈余公积、向投资者分配利润后留存下来的尚未进行分配、留待以后年度分配的利润,在未进行分配之前,属于所有者权益的组成部分。

二、需要设置的账户及其账户的用途

(一)设置"实收资本"账户

"实收资本"账户的借方登记企业减少的投入资本金额,贷方登记企业增加的投入资本金额,期末余额在贷方,反映企业期末实收的投资者投入的资本金额。

（二）设置"资本公积"账户

"资本公积"账户的借方登记企业减少的资本公积的金额，贷方登记企业增加的资本公积的金额，期末余额在贷方，反映企业期末资本公积的结存金额。

（三）设置"盈余公积"账户

"盈余公积"账户的借方登记企业盈余公积的减少金额，贷方登记企业按规定提取的盈余公积的增加金额，期末余额在贷方，反映企业提取的、尚未使用的盈余公积结存金额。

经济业务实例

江西长青股份有限公司2009年12月份发生的与所有者权益相关的业务如下：

(1) 1日，F公司投入现金550 000元，款项已存入银行，合同约定的投入资本金额为500 000元。

(2) 5日，接受F公司作为资本投入的新生产设备一台，F公司提供的增值税专用发票上注明，生产设备的价款为200 000元，增值税额为34 000元。

(3) 15日，F公司作为资本投入一批甲材料，增值税专用发票上注明，甲材料的价值为50 000元，增值税额为8 500元。

(4) 20日，接受F公司投入的一项专利权，双方确认的价值为100 000元；接受F公司投入500 000美元的资本。双方合同中约定的汇率为1美元＝6.85元人民币，当日的市场汇率为1美元＝6.825 1元人民币。

(5) 25日，F公司捐赠20 000元现金给公司，款项已存入银行。

(6) 31日，当年实现净利润7 000 000元；以前年度没有未弥补的亏损，按10%的比例提取法定盈余公积；经股东会决议，按7%的比例提取任意盈余公积；经股东大会批准，将500 000元法定盈余公积转增资本。

记账凭证的填制

会计人员根据以上业务所取得的合法原始单据在记账凭证上填制会计分录。

1. 1日

记 账 凭 证

2009年12月1日 字第××号

摘 要	一级科目	明细科目	记账√	借方金额	贷方金额
F公司资本金存入	银行存款			550 000.00	
F公司投入资本	实收资本	F公司			500 000.00
F公司投入资本溢价	资本公积	资本溢价			50 000.00
合 计				550 000.00	550 000.00

附件×张

会计主管 张宝德   记账 毛书平   出纳 李文莲   审核 黄小芳   制单 顾玲玲

2. 5日

记 账 凭 证

2009年12月5日 字第××号

摘 要	一级科目	明细科目	记账√	借方金额	贷方金额
F公司投入生产设备一台	固定资产	生产设备		200 000.00	
F公司投入生产设备的进项税额	应交税费	应交增值税（进项税额）		34 000.00	
F公司投入生产设备一台	实收资本	F公司			234 000.00
合 计				234 000.00	234 000.00

附件×张

会计主管 张宝德   记账 毛书平   出纳 李文莲   审核 黄小芳   制单 顾玲玲

3. 15日

记 账 凭 证

2009 年 12 月 15 日　　　　　　　　　　字第××号

摘　要	一级科目	明细科目	记账 √	借方金额	贷方金额
F公司投入甲材料	原材料	甲材料		50 000.00	
F公司投入甲材料的进项税额	应交税费	应交增值税（进项税额）		8 500.00	
F公司投入甲材料	实收资本	F公司			58 500.00
合　计				58 500.00	58 500.00

附件×张

会计主管　张宝德　　记账　毛书平　　出纳　李文莲　　审核　黄小芳　　制单　顾玲玲

4. 20日

1) 接受专利权投资时

记 账 凭 证

2009 年 12 月 20 日　　　　　　　　　　字第××号

摘　要	一级科目	明细科目	记账 √	借方金额	贷方金额
F公司投入一项专利权	无形资产	专利权		100 000.00	
F公司投入一项专利权	实收资本	F公司			100 000.00
合　计				100 000.00	100 000.00

附件×张

会计主管　张宝德　　记账　毛书平　　出纳　李文莲　　审核　黄小芳　　制单　顾玲玲

2) 接受F公司美元投资时

记 账 凭 证

2009年12月20日　　　　　　　　　　字第××号

摘　要	一级科目	明细科目	记账√	借方金额	贷方金额
F公司投入500 000美元	银行存款			3 412 550.00	
汇率折算差额	资本公积	汇率折算差		12 450.00	
F公司投入500 000美元	实收资本				3 425 000.00
合　计				3 425 000.00	3 425 000.00

附件×张

会计主管　张宝德　　记账　毛书平　　出纳　李文莲　　审核　黄小芳　　制单　顾玲玲

5. 25日

记 账 凭 证

2009年12月25日　　　　　　　　　　字第××号

摘　要	一级科目	明细科目	记账√	借方金额	贷方金额
F公司捐赠款	银行存款			20 000.00	
F公司捐赠款	资本公积	现金捐赠款			20 000.00
合　计				20 000.00	20 000.00

附件×张

会计主管　张宝德　　记账　毛书平　　出纳　李文莲　　审核　黄小芳　　制单　顾玲玲

6. 31 日

1) 将当年实现的净利润转入未分配利润时

记 账 凭 证

2009 年 12 月 31 日　　　　　　　　　字第××号

摘　要	一级科目	明细科目	记账√	借方金额	贷方金额
当年实现净利润	本年利润			7 000 000.00	
当年实现净利润	利润分配	未分配利润			7 000 000.00
合　计				7 000 000.00	7 000 000.00

附件×张

会计主管　张宝德　　记账　毛书平　　出纳　李文莲　　审核　黄小芳　　制单　顾玲玲

2) 提取盈余公积时

记 账 凭 证

2009 年 12 月 31 日　　　　　　　　　字第××号

摘　要	一级科目	明细科目	记账√	借方金额	贷方金额
提取法定盈余公积	利润分配	法定盈余公积		700 000.00	
提取任意盈余公积	利润分配	任意盈余公积		490 000.00	
提取法定盈余公积	盈余公积	法定盈余公积			700 000.00
提取任意盈余公积	盈余公积	任意盈余公积			490 000.00
合　计				1 190 000.00	1 190 000.00

附件×张

会计主管　张宝德　　记账　毛书平　　出纳　李文莲　　审核　黄小芳　　制单　顾玲玲

3) 将利润分配其他明细账户转入"未分配利润"明细账户时

记 账 凭 证

2009 年 12 月 31 日　　　　　　　　　　字第××号

摘　要	一级科目	明细科目	记账√	借方金额	贷方金额
利润分配明细科目结转	利润分配	未分配利润		1 190 000.00	
利润分配明细科目结转	利润分配	法定盈余公积			700 000.00
利润分配明细科目结转	利润分配	任意盈余公积			490 000.00
合　计				1 190 000.00	1 190 000.00

附件×张

会计主管　张玺德　　记账　毛书平　　出纳　李文莲　　审核　黄小芳　　制单　顾玲玲

4) 转增资本时

记 账 凭 证

2009 年 12 月 31 日　　　　　　　　　　字第××号

摘　要	一级科目	明细科目	记账√	借方金额	贷方金额
法定盈余公积转增资本	盈余公积	法定盈余公积		500 000.00	
法定盈余公积转增资本	实收资本	盈余公积转入			500 000.00
合　计				500 000.00	500 000.00

附件×张

会计主管　张玺德　　记账　毛书平　　出纳　李文莲　　审核　黄小芳　　制单　顾玲玲

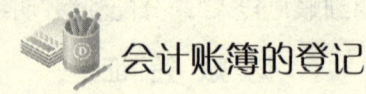

会计账簿的登记

一、实收资本明细账的登记

明 细 分 类 账

会计科目　实收资本
明细科目　F公司

2009年		凭证号数	摘要	对应科目	借方	贷方	借或贷	余额
月	日							
12	1	(略)	F公司投入资本			500 000.00	贷	500 000.00
	5		F公司投入生产设备一台			234 000.00	贷	734 000.00
	5		F公司投入甲材料			58 500.00	贷	792 500.00
	20		F公司投入一项专利权			100 000.00		892 500.00
	20		F公司投入500 000美元			3 425 000.00	贷	4 317 500.00
12	31		本月合计			4 317 500.00		
			本年累计			4 317 500.00		

明 细 分 类 账

会计科目　实收资本
明细科目　盈余公积转入

2009年		凭证号数	摘要	对应科目	借方	贷方	借或贷	余额
月	日							
12	31	(略)	法定盈余公积转增资本	盈余公积		500 000.00	贷	500 000.00
12	31		本月合计			500 000.00		
			本年累计			500 000.00		

二、资本公积明细账的登记

明 细 分 类 账

会计科目　资本公积
明细科目　资本溢价

2009年		凭证号数	摘　要	对应科目	借　方	贷　方	借或贷	余　额
月	日							
1	1	（略）	上年结转				贷	15 000.00
12	1		F公司投入资本溢价	固定资产 应交税费		500 000.00	贷	515 000.00
12	31		本月合计			500 000.00		
			本年累计			500 000.00		

明 细 分 类 账

会计科目　资本公积
明细科目　汇率折算差

2009年		凭证号数	摘　要	对应科目	借　方	贷　方	借或贷	余　额
月	日							
12	20	（略）	汇率折算差额	实收资本	12 450.00		借	12 450.00
12	31		本月合计		12 450.00			
			本年累计		12 450.00			

明 细 分 类 账

会计科目 <u>资本公积</u>
明细科目 <u>现金捐赠款</u>

2009年		凭证号数	摘要	对应科目	借方	贷方	借或贷	余额
月	日							
12	25	（略）	F公司捐赠款	银行存款		20 000.00	贷	20 000.00
12	31		本月合计			20 000.00		
			本年累计			20 000.00		

三、盈余公积明细账的登记

明 细 分 类 账

会计科目 <u>盈余公积</u>
明细科目 <u>法定盈余公积</u>

2009年		凭证号数	摘要	对应科目	借方	贷方	借或贷	余额
月	日							
1	1	（略）	上年结转				贷	560 000.00
12	31		提取法定盈余公积	利润分配		700 000.00	贷	1 260 000.00
	31		法定盈余公积转增资本	实收资本	500 000.00		贷	760 000.00
12	31		本月合计		500 000.00	700 000.00		
			本年累计		500 000.00	700 000.00		

明 细 分 类 账

会计科目　盈余公积
明细科目　任意盈余公积

2009年		凭证号数	摘要	对应科目	借方	贷方	借或贷	余额
月	日							
1	1	（略）	上年结转				贷	392 000.00
12	31		提取任意盈余公积	利润分配		490 000.00	贷	882 000.00
12	31		本月合计			490 000.00		
			本年累计			490 000.00		

四、未分配利润明细账的登记

明 细 分 类 账

会计科目　利润分配
明细科目　未分配利润

2009年		凭证号数	摘要	对应科目	借方	贷方	借或贷	余额
月	日							
1	1	（略）	上年结转				贷	5 600 000.00
12	31		当年实现净利润	本年利润		7 000 000.00	贷	12 600 000.00
	31		利润分配明细科目结转	利润分配	1 190 000.00		贷	11 410 000.00
12	31		本月合计		1 190 000.00	7 000 000.00		
			本年累计		1 190 000.00	7 000 000.00		

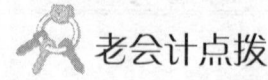
老会计点拨

一、实收资本核算点拨

实收资本是企业注册资本的总额来源,不同投资主体的投资比例或股东的股份比例是其参与利润分配或股利分配的主要依据。企业实收资本一般应与注册资本相一致,当两者的金额相差20%以上时,应持相关证明到登记主管机关申请变更登记。

投资主体在进行投资时,可以使用现金资产进行投资,也可使用非现金资产进行投资,但以无形资产投资的,不得超过注册资本总额的20%;若以实物、非专利技术、土地使用权或工业产权进行投资的,要经过相关部门的评估,不能人为地高估或低估其价值。

二、盈余公积核算点拨

盈余公积可分为法定盈余公积和任意盈余公积两种。法定盈余公积一般是按照净利润的10%提取,当提取的金额累计达到注册资本的50%后可以不再提取;任意盈余公积的提取比例根据公司股东会的决议。

企业提取盈余公积的意义在于:盈余公积可以用来弥补企业的亏损;盈余公积可以用于转增资本,但转增资本后,资本公积的余额不得少于注册资本的25%;在符合相关条件后,盈余公积可用于发放股利。

三、未分配利润核算点拨

企业的未分配利润是通过"利润分配——未分配利润"明细账户来核算的。相关业务的账务处理如下:

(1)年度终了时,如为盈利状态,则借记"本年利润"账户,贷记"利润分配——未分配利润"账户;如为亏损状态,则借记"利润分配——未分配利润"账户,贷记"本年利润"账户。

(2)将"利润分配"账户下的其他明细账户结转到"未分配利润"明细账户,

即借记"利润分配——未分配利润"账户,贷记"利润分配——法定盈余公积"、"利润分配——任意盈余公积"等账户。结转后,未分配利润明细账户的贷方余额就是企业累积未分配的利润数,如果是贷方余额,则反映了企业累积未弥补的亏损金额。

第十章　经营成果业务的核算

 经营成果业务核算要点

一、需要掌握的概念

影响一个企业的经营成果的业务主要涉及以下内容。

（一）主营业务收入

主营业务收入是指企业经常性的、主要业务所产生的收入，如销售商品取得的收入、提供劳务取得的收入等。

（二）其他业务收入

其他业务收入是指企业除主要业务活动以外的其他经营活动实现的收入，如出租固定资产、出租包装物和商品、出租无形资产、出售原材料等取得的业务收入。

（三）营业外收入

营业外收入是指取得的与其生产经营活动没有直接关系的收入，如盘盈固定资产、固定资产清理取得的净收益、无形资产出售取得的收益、罚款收入等。

（四）投资收益

投资收益是指企业进行投资所获得的经济利益，如对外投资所分得的股利、对外投资收到的债券利息等。

（五）主营业务成本

主营业务成本是指企业日常经营生产过程中所发生的成本费用，如销售商品、提供劳务过程中发生的相关成本费用。

（六）其他业务成本

企业取得其他业务收入相应发生的成本，如计提出租固定资产的折旧费、出租包装物的成本或摊销额、出租无形资产的摊销额、出售原材料成本等。

（七）营业外支出

营业外支出是指企业发生的与企业经营活动没有直接关系的支出，如固定资产清理发生净损失、盘亏固定资产、无形资产出售发生损失、罚款支出、捐赠支出和非常损失等。

（八）营业税金及附加

营业税金及附加是指企业生产经营活动过程中发生的营业税、消费税、城市维护建设税和教育费附加等相关税费。

（九）销售费用

销售费用是指企业在销售商品、材料及提供劳务过程中发生的各项费用，以及为销售本企业商品中而专设销售机构的各项经费，如展览费、广告费、保险费、包装费、运输费、装卸费和销售机构职工薪酬等。

（十）管理费用

管理费用是指企业的行政管理部门为管理和组织经营过程中所发生的各项费用开支，如管理人员的职工薪酬、工会经费、差旅费、办公用品开支、业务招待费、董事会费、诉讼费、水电费和邮电费等。

（十一）财务费用

财务费用是指企业为筹集生产经营所需资金等而发生的筹资费用（予以资本化的借款费用除外），如借款利息支出、转账手续费、汇兑损益和现金折扣等。

（十二）所得税费用

所得税费用是指企业按照相关规定应交纳的企业所得税费用。

二、需要设置的账户及其账户的用途

（一）设置"主营业务收入"账户

"主营业务收入"账户的借方登记期末转入"本年利润"账户的金额，贷方登记企业取得的主要经营业务收入，期末结转后，该账户无余额。

（二）设置"其他业务收入"账户

"其他业务收入"账户的借方登记期末转入"本年利润"账户的金额，贷方登记企业取得的主要经营业务以外的其他业务收入，期末结转后，该账户无余额。

（三）设置"营业外收入"账户

"营业外收入"账户的借方登记期末转入"本年利润"账户的金额，贷方登记企业取得的与企业经营业务无直接关系的收入,期末结转后,该账户无余额。

（四）设置"投资收益"账户

"投资收益"账户的借方登记投资的损失额,贷方登记投资取得的收益,期末结转后,该账户无余额。

（五）设置"主营业务成本"账户

"主营业务成本"账户的借方登记销售商品、提供劳务发生的成本,贷方登记商品退回的成本及期末转入"本年利润"账户的金额,期末结转后,该账户无余额。

（六）设置"其他业务成本"账户

"其他业务成本"账户的借方登记企业为取得其他业务收入而发生的相关成本支出,贷方登记期末转入"本年利润"账户的金额,期末结转后,该账户无余额。

（七）设置"营业外支出"账户

"营业外支出"账户的借方登记企业发生的与经营活动没有直接关系的支出金额,贷方登记期末转入"本年利润"账户的金额,期末结转后,该账户无余额。

（八）设置"营业税金及附加"账户

"营业税金及附加"账户的借方登记企业经营活动发生的营业税、消费税、城市维护建设税、资源税和教育费附加等相关税费的金额,贷方登记期末转入"本年利润"账户的金额,期末结转后,该账户无余额。

（九）设置"销售费用"账户

"销售费用"账户的借方登记企业在销售商品过程中发生的各项费用,贷方登记期末转入"本年利润"账户的金额,期末结转后,该账户无余额。

（十）设置"管理费用"账户

"管理费用"账户的借方登记企业为管理和组织生产经营活动过程中发生的各项管理费用金额,贷方登记期末转入"本年利润"账户的金额,期末结转后,该账户无余额。

（十一）设置"财务费用"账户

"财务费用"账户的借方登记企业为筹集生产经营所需资金等发生的各项筹资费用,贷方登记期末转入"本年利润"账户的金额,期末结转后,该账户无余额。

（十二）设置"所得税费用"账户

"所得税费用"账户的借方登记企业按税法的规定应交纳的所得税金额,贷方登记期末转入"本年利润"账户的金额,期末结转后,该账户无余额。

经济业务实例

江西长青股份有限公司 2010 年 3 月份发生的与所有者权益相关的业务如下：

（1）1 日，销售一批 A 产品，增值税专用发票上注明，A 产品货款为 70 000 元，增值税额为 11 900 元，款项已存入银行；已知这批 A 产品的实际生产成本为 37 000 元。销售一批 B 产品给甲公司，增值税专用发票上注明，B 产品货款为 90 000 元，增值税额为 15 300 元，款项尚未收到；该批 B 产品的实际生产成本为 48 000 元。

（2）2 日，行政部报销差旅费 460 元，报销办公用品开支 240 元，报销电话费 300 元；销售部报销差旅费 1 200 元，报销电话费 580 元，业务招待费 400 元。以上款项已通过库存现金支付。

（3）5 日，销售一批不需用甲材料，增值税专用发票上注明，甲材料的售价为 5 000 元，增值税额为 850 元，款项已存入银行；这批甲材料的实际成本为 3 800 元；取得罚款收入 2 000 元，已存入银行。

（4）8 日，支付税款滞纳金 240 元；上月线路老化造成损失甲材料 3 000 元，已批准作为营业外支出；支付电汇手续费 15 元。

（5）10 日，销售 A 产品，增值税专用发票上注明，A 产品货款为 60 000 元，增值税额为 10 200 元，货款已存入银行；已知这批 A 产品的实际生产成本为 28 000 元。

（6）15 日，收到 H 公司发放现金股利的通知，已知本公司能获取的现金股利为 6 000 元。

（7）20 日，销售 B 产品一批，增值税专用发票上注明，B 产品货款为 40 000 元，增值税额为 6 800 元，款项已存入银行；该批 B 产品的实际生产成本为 19 000 元。

（8）24 日，支付银行电汇手续费 15 元；银行存款第一季度利息 72 元存入银行账户。

（9）31 日，计提当月应交营业税 8 000 元、消费税 5 000 元（假设当月销项税额减去进项税额后的金额为 18 000 元），并分别按 7％ 和 3％ 计提当月应交城市维护建设税和应交教育费附加。

（10）31 日，计提当月行政管理人员工资 18 000 元，销售部人员工资 32 000 元；计提 2 号加工车间建筑用长期借款的利息 1 200 元；计提从其他金融机构借入的短期借款利息 1 800 元；计算本月应交纳的企业所得税，并结转本月利润。

 记账凭证的填制

会计人员根据以上业务所取得的合法原始单据在记账凭证上填制会计分录。

1. 1日

1) 销售A产品时

记 账 凭 证

2010年3月1日   字第××号

摘　　要	一级科目	明细科目	记账 √	借方金额	贷方金额	
A产品销售收入存入	银行存款			81 900.00		附 件 × 张
A产品销售收入	主营业务收入				70 000.00	
销售A产品的销项税额	应交税费	应交增值税（销项税额）			11 900.00	
合　　　计				81 900.00	81 900.00	

会计主管　张重德　　记账　毛书平　　出纳　李文莲　　审核　黄小芳　　制单　顾玲玲

同时结转A产品销售成本时。

记 账 凭 证

2010年3月1日   字第××号

摘　　要	一级科目	明细科目	记账 √	借方金额	贷方金额	
结转A产品销售成本	主营业务成本			37 000.00		附 件 × 张
结转A产品销售成本	库存商品	A产品			37 000.00	
合　　　计				37 000.00	37 000.00	

会计主管　张重德　　记账　毛书平　　出纳　李文莲　　审核　黄小芳　　制单　顾玲玲

2) 销售 B 产品时

记 账 凭 证

2010 年 3 月 1 日　　　　　　　　字第××号

摘　要	一级科目	明细科目	记账√	借方金额	贷方金额
应收 B 产品销售收入款	应收账款	甲公司		105 300.00	
B 产品销售收入	主营业务收入				90 000.00
销售 B 产品的销项税额	应交税费	应交增值税（销项税额）			15 300.00
合　　计				105 300.00	105 300.00

附件×张

会计主管　张玺德　记账　毛书平　出纳　李文莲　审核　黄小芳　制单　顾玲玲

同时结转 A 产品销售成本时。

记 账 凭 证

2010 年 3 月 1 日　　　　　　　　字第××号

摘　要	一级科目	明细科目	记账√	借方金额	贷方金额
结转 B 产品销售成本	主营业务成本			48 000.00	
结转 B 产品销售成本	库存商品	B 产品			48 000.00
合　　计				48 000.00	48 000.00

附件×张

会计主管　张玺德　记账　毛书平　出纳　李文莲　审核　黄小芳　制单　顾玲玲

2. 2日

1) 行政人员报销费用时

记 账 凭 证

2010年3月2日　　　　　　　　　　　　字第××号

摘　要	一级科目	明细科目	记账√	借方金额	贷方金额
行政部报差旅费开支	管理费用	差旅费		460.00	
行政部报办公用品开支	管理费用	办公费		240.00	
行政部报电话费开支	管理费用	邮电费		300.00	
付行政部差旅费、办公用品、电话费	库存现金				1 000.00
合　　计				1 000.00	1 000.00

附件×张

会计主管　张重德　　记账　毛书平　　出纳　李文莲　　审核　黄小芳　　制单　顾玲玲

2) 销售部门报销费用时

记 账 凭 证

2010年3月2日　　　　　　　　　　　　字第××号

摘　要	一级科目	明细科目	记账√	借方金额	贷方金额
销售部报差旅费开支	销售费用	差旅费		1 200.00	
销售部报电话费开支	销售费用	邮电费		580.00	
销售部业务招待费开支	销售费用	业务招待费		400.00	
付销售部差旅费、电话费、招待费	库存现金				2 180.00
合　　计				2 180.00	2 180.00

附件×张

会计主管　张重德　　记账　毛书平　　出纳　李文莲　　审核　黄小芳　　制单　顾玲玲

3. 5 日

1) 销售甲材料时

记 账 凭 证

2010 年 3 月 5 日　　　　　　　　　字第××号

摘　要	一级科目	明细科目	记账√	借方金额	贷方金额
销售甲材料的款项存入	银行存款			5 850.00	
甲材料销售收入	其他业务收入				5 000.00
甲材料销项税额	应交税费	应交增值税（销项税额）			850.00
合　计				5 850.00	5 850.00

会计主管　张重德　　记账　毛书平　　出纳　李文莲　　审核　黄小芳　　制单　顾玲玲

附件×张

同时结转甲材料的销售成本时。

记 账 凭 证

2010 年 3 月 5 日　　　　　　　　　字第××号

摘　要	一级科目	明细科目	记账√	借方金额	贷方金额
结转甲材料销售成本	其他业务成本			3 800.00	
结转甲材料销售成本	原材料	甲材料			3 800.00
合　计				3 800.00	3 800.00

会计主管　张重德　　记账　毛书平　　出纳　李文莲　　审核　黄小芳　　制单　顾玲玲

附件×张

2) 取得罚款收入时

记 账 凭 证

2010年3月5日　　　　　　　　　字第××号

摘　　要	一级科目	明细科目	记账√	借方金额	贷方金额
罚款收入存入	银行存款			2 000.00	
罚款收入存入	营业外收入				2 000.00
合　　计				2 000.00	2 000.00

附件×张

会计主管　张玺德　　记账　毛书平　　出纳　李文莲　　审核　黄小芳　　制单　顾玲玲

4. 8日

1) 支付税费滞纳金时

记 账 凭 证

2010年3月8日　　　　　　　　　字第××号

摘　　要	一级科目	明细科目	记账√	借方金额	贷方金额
付税款滞纳金	营业外支出			240.00	
付税款滞纳金	银行存款				240.00
合　　计				240.00	240.00

附件×张

会计主管　张玺德　　记账　毛书平　　出纳　李文莲　　审核　黄小芳　　制单　顾玲玲

2) 经批准,甲材料损失作为营业外支出时

记 账 凭 证

2010 年 3 月 8 日 　　　　　　　　　字第××号

摘　要	一级科目	明细科目	记账 √	借方金额	贷方金额
甲材料损失	营业外支出			3 000.00	
甲材料损失	待处理财产损溢	待处理流动资产损溢			3 000.00
合　　计				3 000.00	3 000.00

附件×张

会计主管　张雪德　　记账　毛书平　　出纳　李文莲　　审核　黄小芳　　制单　顾玲玲

3) 支付电汇手续费时

记 账 凭 证

2010 年 3 月 8 日 　　　　　　　　　字第××号

摘　要	一级科目	明细科目	记账 √	借方金额	贷方金额
电汇手续费	财务费用	手续费		15.00	
电汇手续费	银行存款				15.00
合　　计				15.00	15.00

附件×张

会计主管　张雪德　　记账　毛书平　　出纳　李文莲　　审核　黄小芳　　制单　顾玲玲

5. 10 日

记 账 凭 证

2010 年 3 月 10 日　　　　　　　　　　字第××号

摘　要	一级科目	明细科目	记账√	借方金额	贷方金额
A产品销售收入存入	银行存款			70 200.00	
A产品销售收入	主营业务收入				60 000.00
销售A产品的销项税额	应交税费	应交增值税（销项税额）			10 200.00
合　　计				70 200.00	70 200.00

附件×张

会计主管　张宝德　　记账　毛书平　　出纳　李文莲　　审核　黄小芳　　制单　顾玲玲

同时结转A产品销售成本时。

记 账 凭 证

2010 年 3 月 10 日　　　　　　　　　　字第××号

摘　要	一级科目	明细科目	记账√	借方金额	贷方金额
结转A产品销售成本	主营业务成本			28 000.00	
结转A产品销售成本	库存商品	A产品			28 000.00
合　　计				28 000.00	28 000.00

附件×张

会计主管　张宝德　　记账　毛书平　　出纳　李文莲　　审核　黄小芳　　制单　顾玲玲

6. 15日

记 账 凭 证

2010年3月15日　　　　　　　　　　字第××号

摘　要	一级科目	明细科目	记账√	借方金额	贷方金额
应收H公司现金股利	应收股利			6 000.00	
应收H公司现金股利	投资收益				6 000.00
合　计				6 000.00	6 000.00

附件×张

会计主管　张宝德　　记账　毛书平　　出纳　李文莲　　审核　黄小芳　　制单　顾玲玲

7. 20日

记 账 凭 证

2010年3月20日　　　　　　　　　　字第××号

摘　要	一级科目	明细科目	记账√	借方金额	贷方金额
B产品销售收入	银行存款			46 800.00	
B产品销售收入	主营业务收入				40 000.00
销售B产品的销项税额	应交税费	应交增值税（销项税额）			6 800.00
合　计				46 800.00	46 800.00

附件×张

会计主管　张宝德　　记账　毛书平　　出纳　李文莲　　审核　黄小芳　　制单　顾玲玲

同时结转 A 产品销售成本时。

记 账 凭 证

2010 年 3 月 20 日　　　　　　　　　　字第××号

摘　　要	一级科目	明细科目	记账√	借方金额	贷方金额
结转 B 产品销售成本	主营业务成本			19 000.00	
结转 B 产品销售成本	库存商品	B 产品			19 000.00
合　　计				19 000.00	19 000.00

附件×张

会计主管　张重德　　记账　毛书平　　出纳　李文莲　　审核　黄小芳　　制单　顾玲玲

8. 24 日

1）付电汇手续费时

记 账 凭 证

2010 年 3 月 24 日　　　　　　　　　　字第××号

摘　　要	一级科目	明细科目	记账√	借方金额	贷方金额
电汇手续费	财务费用	手续费		15.00	
电汇手续费	银行存款				15.00
合　　计				15.00	15.00

附件×张

会计主管　张重德　　记账　毛书平　　出纳　李文莲　　审核　黄小芳　　制单　顾玲玲

2) 一季度银行存款利息时

记 账 凭 证

2010年3月24日　　　　　　　　　　　字第××号

摘　要	一级科目	明细科目	记账√	借方金额	贷方金额
一季度银行存款利息存入	银行存款			72.00	
一季度银行存款利息存入	财务费用	利息		72.00	
合　　计					

附件×张

会计主管　*张雪德*　　记账　*毛书平*　　出纳　*李文莲*　　审核　*黄小芳*　　制单　*顾玲玲*

9. 31日

记 账 凭 证

2010年3月31日　　　　　　　　　　　字第××号

摘　要	一级科目	明细科目	记账√	借方金额	贷方金额
计提当月应交税费	营业税金及附加			16 100.00	
计提当月应交营业税	应交税费	应交营业税			8 000.00
计提当月应交消费税	应交税费	应交消费税			5 000.00
计提当月应交城市维护建设税（18 000＋8 000＋5 000）×7%	应交税费	应交城市维护建设税			2 170.00
计提当月应交教育费附加（18 000＋8 000＋5 000）×3%	应交税费	应交教育费附加			930.00
合　　计				16 100.00	16 100.00

附件×张

会计主管　*张雪德*　　记账　*毛书平*　　出纳　*李文莲*　　审核　*黄小芳*　　制单　*顾玲玲*

10. 31 日

1) 计提行政人员工资时

记 账 凭 证

2010 年 3 月 31 日　　　　　　　　字第××号

摘　要	一级科目	明细科目	记账√	借方金额	贷方金额
计提 3 月行政人员工资	管理费用	工资		18 000.00	
计提 3 月行政人员工资	应付职工薪酬				18 000.00
合　　计				18 000.00	18 000.00

附件×张

会计主管　张雪德　　记账　毛书平　　出纳　李文莲　　审核　黄小芳　　制单　顾玲玲

2) 计提销售部门人员工资时

记 账 凭 证

2010 年 3 月 31 日　　　　　　　　字第××号

摘　要	一级科目	明细科目	记账√	借方金额	贷方金额
计提 3 月销售部人员工资	销售费用	工资		32 000.00	
计提 3 月销售部人员工资	应付职工薪酬				32 000.00
合　　计				32 000.00	32 000.00

附件×张

会计主管　张雪德　　记账　毛书平　　出纳　李文莲　　审核　黄小芳　　制单　顾玲玲

3）计提加工车间用的长期借款利息时

记 账 凭 证

2010 年 3 月 31 日　　　　　　　　　　　　　字第××号

摘　要	一级科目	明细科目	记账√	借方金额	贷方金额
计提长期借款利息	在建工程	2号加工车间		1 200.00	
计提2号加工车间用的长期借款利息	应付利息				1 200.00
合　计				1 200.00	1 200.00

附件×张

会计主管　张雪德　　记账　毛书平　　出纳　李文莲　　审核　黄小芳　　制单　顾玲玲

4）计提短期借款利息时

记 账 凭 证

2010 年 3 月 31 日　　　　　　　　　　　　　字第××号

摘　要	一级科目	明细科目	记账√	借方金额	贷方金额
计提短期借款利息	财务费用	利息		1 800.00	
计提短期借款利息	应付利息				1 800.00
合　计				1 800.00	1 800.00

附件×张

会计主管　张雪德　　记账　毛书平　　出纳　李文莲　　审核　黄小芳　　制单　顾玲玲

5) 结转 3 月份收益时

记 账 凭 证

2010 年 3 月 31 日　　　　　　　　　字第××号

摘　要	一级科目	明细科目	记账√	借方金额	贷方金额
月末结转	主营业务收入			260 000.00	
月末结转	其他业务收入			5 000.00	
月末结转	营业外收入			2 000.00	
月末结转	投资收益			6 000.00	
月末结转	本年利润				273 000.00
合　计				273 000.00	273 000.00

附件×张

会计主管　张壹德　　记账　毛书平　　出纳　李文莲　　审核　黄小芳　　制单　顾玲玲

6) 结转 3 月份成本、费用、支出时

记 账 凭 证

2010 年 3 月 31 日　　　　　　　　　字第××号

摘　要	一级科目	明细科目	记账√	借方金额	贷方金额
月末结转	本年利润			210 078.00	
月末结转	主营业务成本				132 000.00
月末结转	其他业务成本				3 800.00
月末结转	营业外支出				3 240.00
合　计				210 078.00	139 040.00

附件×张

会计主管　张壹德　　记账　毛书平　　出纳　李文莲　　审核　黄小芳　　制单　顾玲玲

记 账 凭 证

2010 年 3 月 31 日　　　　　　　　　　　　字第××号

摘　要	一级科目	明细科目	记账 √	借方金额	贷方金额
月末结转	营业税金及附加				16 100.00
月末结转	销售费用				34 180.00
月末结转	管理费用				19 000.00
月末结转	财务费用				1 758.00
合　计					71 038.00

附件×张

会计主管　*张重德*　记账　*毛书平*　出纳　*李文莲*　审核　*黄小芳*　制单　*顾玲玲*

7）计提当月应交纳的所得税时

　　　当月实现的净利润 = 273 000 − 210 078 = 62 922（元）

　　　应交所得税费 = 62 922 × 25％ = 15 730.50（元）

记 账 凭 证

2010 年 3 月 31 日　　　　　　　　　　　　字第××号

摘　要	一级科目	明细科目	记账 √	借方金额	贷方金额
计提企业所得税	所得税费用			15 730.50	
计提企业所得税	应交税费	应交所得税			15 730.50
合　计				15 730.50	15 730.50

附件×张

会计主管　*张重德*　记账　*毛书平*　出纳　*李文莲*　审核　*黄小芳*　制单　*顾玲玲*

8）期末把所得税转入"本年利润"账户时

记 账 凭 证

2010 年 3 月 31 日　　　　　　　　　　　　字第××号

摘　要	一级科目	明细科目	记账√	借方金额	贷方金额
月末结转	本年利润			15 730.50	
月末结转	所得税费用				15 730.50
合　　计				15 730.50	15 730.50

附件×张

会计主管　张宝德　　记账　毛书平　　出纳　李文莲　　审核　黄小芳　　制单　顾玲玲

9）计算企业的净利润时

净利润 = 62 922 - 15 730.50 = 47 191.50（元）

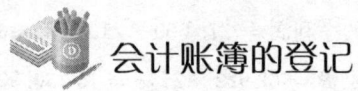 会计账簿的登记

一、主营业务收入明细账的登记

明 细 分 类 账

会计科目　主营业务收入
明细科目　----------

2010 年		凭证号数	摘要	对应科目	借方	贷方	借或贷	余额
月	日							
2	28	（略）	（略）		132 000.00		平	-0-
2	28		本月合计		132 000.00	132 000.00		
			本年累计		250 000.00	250 000.00		

(续表)

2010年		凭证号数	摘要	对应科目	借方	贷方	借或贷	余额
月	日							
3	1	(略)	A产品销售收入	银行存款		70 000.00	贷	70 000.00
	1		B产品销售收入	应收账款		90 000.00	贷	160 000.00
	10		A产品销售收入	银行存款		60 000.00	贷	220 000.00
	20		B产品销售收入	银行存款		40 000.00	贷	260 000.00
	31		月末结转	本年利润	260 000.00		平	-0-
3	31		本月合计		260 000.00	260 000.00		
			本年累计		510 000.00	510 000.00		

二、其他业务收入明细账登记

明细分类账

会计科目　其他业务收入
明细科目　_____

2010年		凭证号数	摘要	对应科目	借方	贷方	借或贷	余额
月	日							
～	～	～	～	～	～	～	～	～
2	28	(略)	(略)		2 000.00		平	-0-
2	28		本月合计		2 000.00	2 000.00		
			本年累计		2 500.00	2 500.00		
3	5		甲材料销售收入	银行存款		5 000.00	贷	5 000.00
	31		月末结转	本年利润	5 000.00		平	-0-
3	31		本月合计		5 000.00	5 000.00		
			本年累计		7 500.00	7 500.00		

三、营业外收入明细账登记

明 细 分 类 账

会计科目 营业外收入
明细科目 _____

2010年		凭证号数	摘 要	对应科目	借 方	贷 方	借或贷	余 额
月	日							
3	5	（略）	罚款收入存入	银行存款		2 000.00	贷	2 000.00
	31		月末结转	本年利润	2 000.00		平	-0-
3	31		本月合计		2 000.00	2 000.00		
			本年累计		2 000.00	2 000.00		

四、投资收益明细账登记

明 细 分 类 账

会计科目 投资收益
明细科目 _____

2010年		凭证号数	摘 要	对应科目	借 方	贷 方	借或贷	余 额
月	日							
2	28	（略）	（略）		1 200.00		平	-0-
2	28		本月合计		1 200.00	1 200.00		
			本年累计		2 500.00	2 500.00		
3	15		应收H公司现金股利	应收股利		6 000.00	贷	6 000.00
	31		月末结转	本年利润	6 000.00		平	-0-
3	31		本月合计		6 000.00	6 000.00		
			本年累计		8 500.00	8 500.00		

五、主营业务成本明细账登记

明 细 分 类 账

会计科目　**主营业务成本**
明细科目　_____

2010年		凭证号数	摘　要	对应科目	借　方	贷　方	借或贷	余　额
月	日							
～～	～～	～～	～～	～～	～～	～～	～～	～～
2	28	（略）	（略）			60 500.00	平	-0-
2	28		本月合计		60 500.00	60 500.00		
			本年累计		120 500.00	120 500.00		
3	1		结转A产品销售成本	库存商品	37 000.00		借	37 000.00
	1		结转B产品销售成本	库存商品	48 000.00		借	85 000.00
	10		结转A产品销售成本	库存商品	28 000.00		借	113 000.00
	20		结转B产品销售成本	库存商品	19 000.00		借	132 000.00
	31		月末结转	本年利润		132 000.00	平	-0-
3	31		本月合计		132 000.00	132 000.00		
			本年累计		252 500.00	252 500.00		

六、其他业务成本明细账登记

明 细 分 类 账

会计科目 <u>其他业务成本</u>
明细科目 <u>　　　　</u>

2010年		凭证号数	摘　要	对应科目	借　方	贷　方	借或贷	余　额
月	日							
～	～	～	～	～	～	～	～	～
2	28	（略）	（略）			1 100.00	平	- 0 -
2	28		本月合计		1 100.00	1 100.00		
			本年累计		1 300.00	1 300.00		
3	5		结转甲材料销售成本	原材料	3 800.00		借	3 800.00
	31		月末结转	本年利润		3 800.00		- 0 -
3	31		本月合计		3 800.00	3 800.00		
			本年累计		5 100.00	5 100.00		

七、营业外支出明细账登记

明 细 分 类 账

会计科目 <u>营业外支出</u>
明细科目 <u>　　　　</u>

2009年		凭证号数	摘　要	对应科目	借　方	贷　方	借或贷	余　额
月	日							
3	8	（略）	付税款滞纳金	银行存款	240.00		借	240.00
	8		甲材料损失	待处理财产损溢	3 000.00		借	3 240.00
	31		月末结转	本年利润		3 240.00	平	- 0 -

（续表）

2009年		凭证号数	摘要	对应科目	借方	贷方	借或贷	余额
月	日							
3	31		本月合计		3 240.00	3 240.00		
			本年累计		3 240.00	3 240.00		

八、营业税金及附加明细账登记

明 细 分 类 账

会计科目　营业税金及附加
明细科目　----------

2010年		凭证号数	摘要	对应科目	借方	贷方	借或贷	余额
月	日							
～	～	～	～	～	～	～	～	～
2	28	（略）	（略）			10 500.00	平	-0-
2	28		本月合计		10 500.00	10 500.00		
			本年累计		22 900.00	22 900.00		
3	31		计提当月应交税费	应交税费	16 100.00		借	16 100.00
	31		月末结转	本年利润		16 100.00	平	-0-
3	31		本月合计		16 100.00	16 100.00		
			本年累计		39 000.00	39 000.00		

九、销售费用明细账登记

销 售 费 用

2010年		凭证号数	摘要	对应科目	借方	贷方	借或贷	余额	工资	借（ ）差旅费	邮电费	方 招待费
月	日											
2	28	(略)							22 000.00	1 200.00	500.00	800.00
2	28		本月合计		24 500.00	24 500.00	平	-0-	22 000.00	1 200.00	500.00	800.00
			本年累计		44 000.00	44 000.00			39 040.00	2 500.00	960.00	1 500.00
3	2		报差旅费开支	库存现金	1 200.00					1 200.00		
	2		电话费开支	库存现金	580.00						580.00	
	2		业务招待费开支	库存现金	400.00							400.00
	31		计提3月销售人员工资	应付职工薪酬	32 000.00				32 000.00			
	31		月末结转	本年利润		34 180.00	平	-0-				
3	31		本月合计		34 180.00	34 180.00			32 000.00	1 200.00	580.00	400.00
	31		本年累计		78 180.00	78 180.00			71 040.00	3 700.00	1 540.00	1 900.00

十、管理费用明细账登记

管 理 费 用

2010年		凭证号数	摘要	对应科目	借方	贷方	借或贷	余额	工资	差旅费	借（ ）方 邮电费	办公费	招待费
月	日												
～	～	～	（略）	～	～	～	～	－0－	～	～	～	～	～
2	28		本月合计		20 000.00	20 000.00			18 000.00	800.00	240.00	460.00	500.00
2	28		本年累计		39 000.00	39 000.00			36 000.00	1 400.00	240.00	450.00	550.00	500.00
3		2	差旅费开支	库存现金	460.00					460.00			
		2	办公用品开支	库存现金	240.00							240.00	
		2	电话费开支	库存现金	300.00						300.00		
		31	计提3月行政人员工资	应付职工薪酬	18 000.00				18 000.00				
		31	月末结转	本年利润		19 000.00	平	－0－					
3	31		本月合计		19 000.00	19 000.00			18 000.00	460.00	300.00	240.00	
3	31		本年累计		58 000.00	58 000.00			54 000.00	1 860.00	750.00	790.00	600.00

十一、财务费用明细账登记

明 细 分 类 账

会计科目 <u>财务费用</u>
明细科目 <u>手续费</u>

2010年		凭证号数	摘 要	对应科目	借 方	贷 方	借或贷	余 额
月	日							
～	～	～	～	～	～	～	～	～
2	28	（略）	（略）			15.00	平	-0-
2	28		本月合计		15.00	15.00		
			本年累计		75.00	75.00		
3	8		电汇手续费	银行存款	15.00		借	15.00
	24		电汇手续费	银行存款	15.00		借	30.00
	31		月末结转	本年利润		30.00	平	-0-
3	31		本月合计		30.00	30.00		
			本年累计		105.00	105.00		

明 细 分 类 账

会计科目 <u>财务费用</u>
明细科目 <u>利息</u>

2010年		凭证号数	摘 要	对应科目	借 方	贷 方	借或贷	余 额
月	日							
～	～	～	～	～	～	～	～	～
2	28	（略）	（略）			1 800.00	平	-0-
2	28		本月合计		1 800.00	1 800.00		
			本年累计		3 600.00	3 600.00		

(续表)

2010年		凭证号数	摘要	对应科目	借方	贷方	借或贷	余额
月	日							
3	24		一季度银行存款利息存入	银行存款	72.00		借	−72.00
	31		计提短期借款利息	应付利息	1 800.00		借	1 728.00
			月末结转	本年利润		1 728.00	平	−0−
3	31		本月合计		1 728.00	1 728.00		
			本年累计		5 328.00	5 328.00		

十二、所得税费用明细账登记

明 细 分 类 账

会计科目　__所得税费用__
明细科目　_____

2010年		凭证号数	摘要	对应科目	借方	贷方	借或贷	余额
月	日							
2	28	(略)	(略)			4 336.25	平	−0−
2	28		本月合计		4 336.25	4 336.25		
			本年累计		5 996.25	5 996.25		
3	31		计提企业所得税	应交税费	15 730.50		借	15 730.50
	31		期末结转	本年利润		15 730.50	平	−0−
3	31		本月合计		15 730.50	15 730.50		
			本年累计		21 726.75	21 726.75		

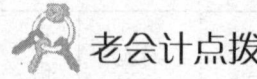 老会计点拨

一、主营业务收入核算点拨

主营业务收入是指企业销售商品、提供劳务等主营业务获取的收入,会计人员应在发出商品同时收讫货款或取得索取价款的凭证时,按照实际销售额登记入账,并及时结转商品或产品的销售成本。

在实际工作中,应注意以下几种销售情况。

（一）商业折扣

商业折扣是企业为了鼓励客户多买商品而给予客户相应降低商品标价的优惠,这种情况下应按扣除商业折扣后的净额作为企业取得的商品销售收入额。

（二）现金折扣

现金折扣一般发生在企业的赊销业务中,具体表现为企业为了尽快收回货款而给予客户在不同时间付款能够享受到不同的现金折扣的优惠。在这种情况下,应按未扣除现金折扣前的商品销售收入金额入账,客户实际付款时享受到的现金折扣额,在发生时直接计入企业的财务费用。

（三）代销业务

代销业务是指企业代其他企业销售商品或产品的行为。在实际工作中主要有以下两种代销方式。

1. 视同买断方式的代销

视同买断方式的代销是指企业按代销合同或协议中规定的价格向委托方支付代销商品的货款,商品的实际销售价格由企业自行决定,实际售价与合同或协议之间的差额归企业所有。具体账务处理过程如下：

（1）企业收到委托方发来的代销商品时,借记"受托代销商品"账户,贷记"代销商品款"账户。

（2）企业销售代销商品时,借记"银行存款"、"应收账款"等相关账户,贷记"主营业务收入"、"应交税费——应交增值税（销项税额）"账户；同时结转代销商品的成本,即借记"主营业务成本"账户,贷记"受托代销商品"账户。

（3）把代销清单开给委托方、收到对方开来的增值税发票时,借记"代销商

品款"、"应交税费——应交增值税(进项税额)"账户,贷记"应付账款"、"银行存款"等相关账户。

2. 收取手续费方式的代销

收取手续费方式的代销是指企业按代销合同中规定的价格对外销售商品,没有自主决定代销商品实际销售价格的权力,企业只按代销商品的数量向委托方收取一定的手续费。这种代销方式下的具体账务处理过程如下:

(1)企业收到委托方发来的代销商品时,借记"受托代销商品"账户,贷记"代销商品款"账户。

(2)销售代销商品、向客户开具增值税专用发票时,借记"银行存款"等相关账户,贷记"应付账款(明细账户为委托企业)"、"应交税费——应交增值税(销项税额)"账户。同时转出已代销的商品,即借记"代销商品款"账户,贷记"受托代销商品"账户。

(3)把代销清单开给委托方、收到对方开来的增值税发票时,借记"应交税费——应交增值税(进项税额)"账户,贷记"应付账款(明细账户为委托企业)"账户。

(4)计算代销商品收取的手续费,并支付代销商品货款时,借记"应付账款"账户,贷记"银行存款"、"主营业务收入(收取的代销手续费金额)"账户。

(四)委托代销业务

委托代销业务是指企业将产品或商品委托给外单位代销的行为,委托代销业务的方式有视同买断的代销方式和支付代销手续费的方式。

1. 视同买断的委托代销方式

视同买断的委托代销方式是指企业按合同价款向代销单位收取商品的货款,商品的实际售价收入归代销方所有。企业的具体账务处理过程如下:

(1)企业发出委托代销商品时,借记"委托代销商品"账户,贷记"库存商品"账户。

(2)企业收到代销单位交来的代销商品清单、开出销货发票时,借记"应收账款"账户,贷记"主营业务收入"、"应交税费——应交增值税(销项税额)"账户;同时结转委托代销商品的成本,借记"主营业务成本"账户,贷记"委托代销商品"账户。

(3)收到代销单位交来的委托代销商品货款时,借记"银行存款"账户,贷记

"应收账款"账户。

2. 支付手续费的委托代销方式

支付手续费的委托代销方式是指企业按委托代销商品的数量向代销单位支付手续费,代销单位按合同规定的商品售价对外销售。企业的具体账务处理过程如下:

(1) 企业发出委托代销的商品时,借记"委托代销商品"账户,贷记"库存商品"账户。

(2) 收到代销单位交来的代销清单、向代销方开出增值税专用发票时,借记"应收账款"账户,贷记"主营业务收入"、"应交税费——应交增值税(销项税额)"账户。同时结转委托代销商品的成本,借"主营业务成本"账户,贷记"委托代销商品"账户。

(3) 计算应支付给代销单位的手续费时,借记"销售费用"账户,贷记"应收账款"账户。

(4) 代销单位交来代销商品款时,借记"银行存款"账户,贷记"应收账款"账户(实际工作中,代销方往往会直接从代销商品货款中扣除手续费,余款转付企业)。

(五) 销货退回

销货退回是指企业发货错误或发出商品质量不符合合同的要求而被客户退回的商品或在价格上给予的折扣。不管是当年发生的销货退回,还是以前年度的销货退回,都应冲减当月的销售收入。

1. 当年的销货退回

对于当年已确认销售收入后又发生销货退回的,应根据实际退回商品或产品冲减销货退回当月的销售收入,即借记"主营业务收入"、"应交税费——应交增值税(销项税额)"账户,贷记"银行存款"(用银行存款退还货款时)、"应收账款"(购货方尚未支付货款、已挂在"应收账款"账户的)、"应付账款"(购货方已支付货款、企业尚未退还购货方的退货款)等相关账户。收到退回的商品或产品时,借记"库存商品"账户,贷记"主营业务成本"账户。

2. 以前年度的销货退回

对于以前年度的销货退回,应通过"以前年度损益调整"账户进行调整,具体步骤如下:

第一,调整销售收入时。

在调整商品销售收入时,借记"以前年度损益调整"、"应交税费——应交增值税(销项税额)"账户,贷记"银行存款"(用银行存款退还货款时)、"应收账款"(购货方尚未支付货款、已挂在"应收账款"账户的)、"应付账款"(购货方已支付货款、企业尚未退还购货方的退货款)等相关账户。

第二,调整商品销售成本时。

收到销货退回的商品或产品时,借记"库存商品"账户,贷记"主营业务成本"账户。

第三,调整企业所得税费用时。

销货退回后,应及时调整企业所得税费用,即借记"应交税费——应交所得税"账户,贷记"以前年度损益调整"账户。

第四,涉及利润分配事项的调整。

涉及利润分配事项的调整,应通过"利润分配——未分配利润"账户核算,即借记"利润分配——未分配利润"账户,贷记"以前年度损益调整"账户。若以前年度提取了盈余公积的,还应进行相应的调整,即借记"盈余公积——法定盈余公积"、"盈余公积——任意盈余公积"账户,贷记"利润分配——未分配利润"账户。

二、其他业务收入核算点拨

除了主要经营业务之外,企业的其他业务取得的收入也是企业的重要经济来源,其对企业的经营成果会有重要的影响。在取得其他业务收入的同时,应及时结转该业务发生的成本,即其他业务成本。

其一般账务处理方法为:取得其他业务收入时,借记"银行存款"等相关账户,贷记"其他业务收入"、"应交税费"账户;期末结转损益时,借记"其他业务收入"账户,贷记"本年利润"账户。

三、营业外收入与营业外支出核算点拨

营业外收入是企业偶然发生的、与企业生产经营没有直接关系的各项收入。取得营业外收入时,借记"银行存款"等相关账户,贷记"营业外收入"账户;期末结转时,借记"营业外收入"账户,贷记"本年利润"账户。

营业外支出是企业偶然发生的、与企业生产经营没有直接关系的各项支出。

但营业外收入与营业外支出之间没有必然的联系,两者是独立的、没有必然联系的偶发业务。这点和主营业务收入与主营业务成本、其他业务收入与其他业务成本是不一样的。

四、期间费用核算点拨

期间费用包括销售费用、管理费用和财务费用三大费用。在实际工作中,应根据企业的管理要求和考核标准,在"销售费用"、"管理费用"和"财务费用"账户下设置相应的明细账户进行明细核算,常设置的明细账户有"工资"、"差旅费"、"办公费"、"业务招待费"、"水电费"和"邮电费"等明细账户。"财务费用"账户下可设置"利息"和"手续费"等明细账户。

期间费用的一般账务处理方法为:费用发生时,借记"销售费用"、"管理费用"和"财务费用"账户,贷记"银行存款"、"库存现金"、"应付利息"等相关账户;期末结转时,借记"本年利润"账户,贷记"销售费用"、"管理费用"和"财务费用"账户。

第十一章 会计报表的列报

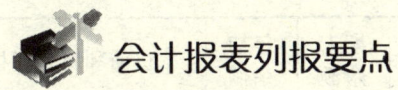 会计报表列报要点

一、主要会计报表

会计报表是根据企业的会计账簿、会计凭证等相关的会计资料加工而成的、能够综合反映企业经营活动的、具有一定格式的会计资料。列报会计报表的作用在于：能够为投资者提供企业的财务状况，为其进行投资决策提供有用的信息资料；能让债权人获取企业的偿债能力、支付能力等方面的信息资料；有利于考核企业管理者的管理水平；有利于工商、税务等国家经济管理部门对企业实施有效的管理和监督；有利于帮助企业领导层评价和预测企业未来的投资回报和现金流量情况等。

在实际工作中，会计需要列报的会计报表有以下三种。

（一）资产负债表

资产负债表是一张反映企业一定日期财务状况的静态会计报表，它是以"资产＝负债＋所有者权益"为基础来列报的。

（二）利润表

利润表是一张反映企业一定日期内利润或亏损的动态会计报表。

（三）现金流量表

现金流量表是一张反映企业在一定日期内现金的流入与流出情况的会计报表。此处的现金不是我们日常所说的"现金"，它包括库存现金、银行存款、其他货币资金和现金等价物，所谓的现金等价物是指企业持有期限较短、流动性较强、容易转换为已知金额的、风险较小的投资。

二、主要会计报表的格式

(一) 资产负债表的格式

资产负债表

编制单位：　　　　　　　　　年　月　日　　　　　　　　　会企 01 表
　　　　　　　　　　　　　　　　　　　　　　　　　　　单位：元

资　产	期末余额	年初余额	负债和所有者权益	期末余额	年初余额
流动资产：			流动负债：		
货币资金			短期借款		
交易性金融资产			交易性金融负债		
应收票据			应付票据		
应收账款			应付账款		
预付款项			预收款项		
应收利息			应付职工薪酬		
应收股利			应交税费		
其他应收款			应付利息		
存货			应付股利		
一年内到期的非流动资产			其他应付款		
其他流动资产			一年内到期的非流动负债		
流动资产合计			其他流动负债		
非流动资产：			流动负债合计		
可供出售金融资产			非流动负债：		
持有至到期投资			长期借款		
长期应收款			应付债券		
长期股权投资			长期应付款		
投资性房地产			预计负债		
固定资产			递延所得税负债		

第十一章 | 会计报表的列报

(续表)

资　产	期末余额	年初余额	负债和所有者权益	期末余额	年初余额
在建工程			其他非流动负债		
工程物资			非流动负债合计		
固定资产清理			负债合计		
生产性生物资产			所有者权益:		
汽油资产			实收资本（股本）		
无形资产			资本公积		
开发支出			减：库存股		
商誉			盈余公积		
长期待摊费用			未分配利润		
递延所得税			所有者权益合计		
其他非流动资产					
非流动资产合计					
资产总计			负债和所有者权益总计		

（二）利润表的格式

利　润　表

会企 02 表

编制单位：　　　　　　　　　　年　月　　　　　　　　单位：元

项　　目	本期金额	上期金额
一、营业收入		
减：营业成本		
营业税金及附加		
销售费用		
管理费用		
财务费用		
资产减值损失		

(续表)

项 目	本期金额	上期金额
加：公允价值变动收益（损失以"－"号填列）		
投资收益（损失以"－"号填列）		
二、营业利润（亏损以"－"号填列）		
加：营业外收入		
减：营业外支出		
其中：非流动资产处置损失		
三、利润总额（亏损总额以"－"号填列）		
减：所得税费用		
四、净利润（净亏损以"－"号填列）		

（三）现金流量表

现 金 流 量 表

编制单位：　　　　　　　　　年　月　　　　　　　　　会企03表
　　　　　　　　　　　　　　　　　　　　　　　　　　　单位：元

项 目	本期金额	上期金额
一、经营活动产生的现金流量：		
销售商品、提供劳务收到的现金		
收到的税费返还		
收到其他与经营活动有关的现金		
经营活动现金流入小计		
购买商品、接受劳务支付的现金		
支付给职工以及为职工支付的现金		
支付的各项税费		
支付其他与经营活动有关的现金		
经营活动现金流出小计		

(续表)

项目	本期金额	上期金额
经营活动产生的现金流量净额		
二、投资活动产生的现金流量：		
收回投资所收到的现金		
取得投资收益所收到的现金		
处置固定资产、无形资产和其他长期资产所收回的现金净额		
收到其他与投资活动有关的现金		
投资活动现金流入小计		
购建固定资产、无形资产和其他长期资产所支付的现金		
投资所支付的现金		
支付其他与投资活动有关的现金		
投资活动现金流出小计		
投资活动产生的现金流量净额		
三、融资活动产生的现金流量：		
吸收投资所收到的现金		
借款所收到的现金		
收到其他与融资活动有关的现金		
筹资活动现金流入小计		
偿还债务所支付的现金		
分配股利、利润和偿付利息所支付的现金		
支付其他与融资活动有关的现金		
筹资活动现金流出小计		
筹资活动产生的现金流量净额		
四、汇率变动对现金及现金等价物的影响		
五、现金及现金等价物净增加额		
加：期初现金等价物余额		
六、期末现金及现金等价物余额		

（续表）

补 充 资 料	本期金额	上期金额
1. 将净利润调节为经营活动现金流量：		
净利润		
加：资产减值准备		
固定资产折旧、油气资产折耗、生产性生物资产折旧		
无形资产摊销		
长期待摊费用摊销		
处置固定资产、无形资产和其他长期资产的损失（收益以"－"号填列）		
固定资产报废损失（收益以"－"号填列）		
公允价值变动损失（收益以"－"号填列）		
财务费用（收益以"－"号填列）		
投资损失（收益以"－"号填列）		
递延所得税资产减少（增加以"－"号填列）		
递延所得税负债增加（减少以"－"号填列）		
存货的减少（增加以"－"号填列）		
经营性应收项目的减少（增加以"－"号填列）		
经营性应收项目的增加（减少以"－"号填列）		
其他		
经营活动产生的现金流量净额		
2. 不涉及现金收支的重大投资和筹资活动：		
债务转为资本		
一年内到期的可转换公司债券		
融资租入固定资产		
3. 现金及现金等价物净变动情况：		
现金的期末余额		
减：现金的期初余额		
加：现金等价物的期末余额		
减：现金等价物的期初余额		
现金及现金等价物净增加额		

第十一章 | 会计报表的列报

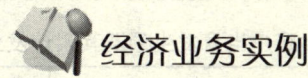 经济业务实例

1. 基本资料

江西长青股份有限公司 2010 年 12 月份账簿信息如下,已知明细账与总账账户的余额方向一致,上年结转下来的未分配利润为 30 000 元。

12 月份科目余额表

总账科目	借方余额	贷方余额	总账科目	借方余额	贷方余额
库存现金	4 500.00		短期借款		160 000.00
银行存款	230 000.00		应付票据		23 400.00
其他货币资金	24 000.00		应付账款		401 100.00
应收票据	80 000.00		其他应付款		6 000.00
应收账款	450 000.00		预收账款		60 000.00
预付账款	50 000.00		应付职工薪酬		155 000.00
其他应收款	3 000.00		应交税费		22 000.00
应收股利	41 000.00		应付利息		9 600.00
应收利息	10 100.00		应付股利		18 000.00
原材料	720 000.00		长期借款		50 000.00
周转材料	30 000.00		实收资本		1 250 000.00
生产成本	150 000.00		盈余公积		22 500.00
库存商品	180 000.00		利润分配(未分配利润)		165 000.00
固定资产	400 000.00				
累计折旧		150 000.00			
无形资产	120 000.00				
合　　计	2 492 600.00	150 000.00	合　　计		2 342 600.00

175

2. 12月份损益类各账户当月发生额及其累计发生额

损益类账户当月发生额及其累计发生额

账户名称	本月发生额		上期金额	
	借方发生额	贷方发生额	借方发生额	贷方发生额
主营业务收入	—	500 900.00		6 050 000.00
其他业务收入	—	87 000.00		1 005 000.00
主营业务成本	400 000.00		4 800 000.00	
其他业务成本	50 000.00		600 000.00	
营业税金及附加	1 200.00		14 488.00	
销售费用	44 000.00		530 000.00	
管理费用	58 200.00		697 812.00	
财务费用	20 833.00		250 000.00	
投资收益		1 690.00		20 300.00
营业外收入		400.00		5 000.00
营业外支出	660.00		80 000.00	
所得税费用	3 774.25	—	45 000.00	

3. 填报现金流量表

已知管理费用中包含职工工资180 000元、为职工交纳的三金20 120元、支付给职工的其他福利费用25 000元；销售费用中包含职工工资2 000 000元、为职工交纳的三金30 000元、支付给职工的其他福利费用23 000元；当年销项税额合计1 199 350元、进项税额合计1 052 200元。

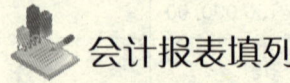

会计报表填列

根据12月份账簿余额编制的当月资产负债表。

第十一章 会计报表的列报

资产负债表

编制单位：江西长青股份有限公司　　2010年12月31日　　会企01表　　单位：元

资　产	期末余额	年初余额	负债和所有者权益	期末余额	年初余额
流动资产：			流动负债：		
货币资金	258 500.00	129 250.00	短期借款	160 000.00	80 000.00
交易性金融资产		40 000.00	交易性金融负债		
应收票据	80 000.00	225 000.00	应付票据	23 400.00	11 700.00
应收账款	450 000.00	25 000.00	应付账款	401 100.00	200 550.00
预付款项	50 000.00	5 050.00	预收款项	60 000.00	30 000.00
应收利息	10 100.00	20 500.00	应付职工薪酬	155 000.00	77 500.00
应收股利	41 000.00	1 500.00	应交税费	22 000.00	11 000.00
其他应收款	3 000.00	540 000.00	应付利息	9 600.00	4 800.00
存货	1 080 000.00		应付股利	18 000.00	9 000.00
一年内到期的非流动资产			其他应付款	6 000.00	3 000.00
其他流动资产			一年内到期的非流动负债		
流动资产合计	1 972 600.00	986 300.00	其他流动负债		
非流动资产：			流动负债合计	855 100.00	427 550.00
可供出售金融资产			非流动负债：		

177

(续表)

资　产	期末余额	年初余额	负债和所有者权益	期末余额	年初余额
持有至到期投资			长期借款	50 000.00	25 000.00
长期应收款			应付债券		
长期股权投资			长期应付款		
投资性房地产			预计负债		
固定资产	250 000.00	125 000.00	递延所得税负债		
在建工程			其他非流动负债	50 000.00	25 000.00
工程物资			非流动负债合计	905 100.00	452 550.00
固定资产清理			负债合计		
生产性生物资产			所有者权益：		
汽油资产			实收资本（股本）	1 250 000.00	625 000.00
无形资产	120 000.00	60 000.00	资本公积		
开发支出			减：库存股·		
商誉			盈余公积	22 500.00	11 250.00
长期待摊费用			未分配利润	165 000.00	82 500.00
递延所得税			所有者权益合计	1 437 500.00	718 750.00
其他非流动资产					
非流动资产合计	370 000.00	185 000.00			
资产总计	2 342 600.00	1 171 300.00	负债和所有者权益总计	2 342 600.00	1 171 300.00

根据损益类账户发生额填报利润表。

利 润 表

编制单位：江西长青股份有限公司　　2010 年 12 月

会企 02 表
单位：元

项　　目	本期金额	上期金额
一、营业收入	7 055 000.00	（略）
减：营业成本	5 400 000.00	
营业税金及附加	14 488.00	
销售费用	530 000.00	
管理费用	697 812.00	
财务费用	250 000.00	
资产减值损失		
加：公允价值变动收益（损失以"—"号填列）		
投资收益（损失以"—"号填列）	20 300.00	
二、营业利润（亏损以"—"号填列）	183 000.00	
加：营业外收入	5 000.00	
减：营业外支出	8 000.00	
其中：非流动资产处置损失		
三、利润总额（亏损总额以"—"号填列）	180 000.00	
减：所得税费用	45 000.00	
四、净利润（净亏损以"—"号填列）	135 000.00	

根据 2010 年资产负债表、利润表及相关资料填列现金流量表。

2010 年现金流量表

项 目	行次	本期金额	上期金额
一、经营活动产生的现金流量:			(略)
销售商品、提供劳务收到的现金	1	6 843 500.00	
收到的税费返还	3		
收到的其他与经营活动有关的现金	8	−6 426.38	
经营活动现金流入小计	9	6 837 073.62	
购买商品、接受劳务支付的现金	10	6 113 050.00	
支付给职工以及为职工支付的现金	12	478 812.00	
支付的各项税费	13	150 638.00	
支付的其他与经营活动有关的现金	18	458 823.62	
经营活动现金流出小计	20	7 201 323.62	
经营活动产生的现金流量净额	21	−364 250.00	
二、投资活动产生的现金流量:			
收回投资所收到的现金	22		
取得投资收益所收到的现金	23	51 100.00	
处置固定资产、无形资产和其他长期资产所收回的现金净额	25		
收到的其他与投资活动有关的现金	28		
投资活动现金流入小计	29	51 100.00	
购建固定资产、无形资产和其他长期资产所支付的现金	30	260 000.00	
投资所支付的现金	31	—	
支付的其他与投资活动有关的现金	35		
投资活动现金流出小计	36	260 000.00	
投资活动产生的现金流量净额	37	−208 900.00	

(续表)

项　　目	行次	本期金额	上期金额
三、筹资活动产生的现金流量：			
吸收投资所收到的现金	38	625 000.00	
借款所收到的现金	40	105 000.00	
收到的其他与筹资活动有关的现金	43		
筹资活动现金流入小计	44	730 000.00	
偿还债务所支付的现金	45		
分配股利、利润或偿付利息所支付的现金	46	27 600.00	
支付的其他与筹资活动有关的现金	52		
筹资活动现金流出小计	53	27 600.00	
筹资活动产生的现金流量净额	54	702 400.00	
四、汇率变动对现金及现金等价物的影响	55		
五、现金及现金等价物净增加额	56	129 250.00	
加：期初现金等价物余额			
六、期末现金及现金等价物余额			
补　充　资　料	行次	本期金额	上期金额
1. 将净利润调节为经营活动现金流量：			
净利润	57	135 000.00	
加：资产减值准备	58	—	
固定资产折旧、油气资产折耗、生产性生物资产折旧	59	75 000.00	
无形资产摊销	60		
长期待摊费用摊销	61		
处置固定资产、无形资产和其他长期资产的损失（收益以"－"号填列）	64		
固定资产报废损失（收益以"－"号填列）	65		

(续表)

补　充　资　料	行次	本期金额	上期金额
公允价值变动损失(收益以"－"号填列)	66	8 000.00	
财务费用(收益以"－"号填列)	67	—	
投资损失(收益以"－"号填列)	68	9 600.00	
递延所得税资产减少(增加以"－"号填列)	69	－20 300.00	
递延所得税负债增加(减少以"－"号填列)	70	－4 000.00	
存货的减少(增加以"－"号填列)	71	－540 000.00	
经营性应收项目的减少(增加以"－"号填列)	72	－317 050.00	
经营性应收项目的增加(减少以"－"号填列)	73	295 050.00	
其他	74	－5 550.00	
经营活动产生的现金流量净额	75	－364 250.00	
2. 不涉及现金收支的投资和筹资活动：			
债务转为资本	76		
一年内到期的可转换公司债券	77		
融资租入固定资产	78		
3. 现金及现金等价物净变动情况：			
现金的期末余额	79	258 500.00	
减：现金的期初余额	80	129 250.00	
加：现金等价物的期末余额	81		
减：现金等价物的期初余额	82		
现金及现金等价物净增加额	83	129 250.00	

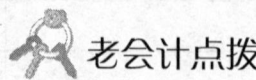 老会计点拨

一、资产负债表填列点拨

资产负债表内的各个项目均需要按"期末余额"和"年初余额"两栏填报。

(一)"年初余额"的填报

资产负债表中"年初余额"栏可根据资产负债表上年12月份的资产负债表相应项目的"期末余额"填列。如果当年资产负债表中有的项目名称、内容和上年度资产负债表中的项目有不一致的,应将上年年末资产负债表各项目的名称、数字进行调整后再填入各项目的"年初余额"栏内。

(二)"期末余额"的填报

资产负债表中"期末余额"栏各项目的填列方法,有的可根据总账账户的期末余额直接填列,如"应收票据"、"应付票据"等项目的填列;有的可根据总账账户的期末余额计算填列,如"货币资金"项就需要根据"库存现金"、"银行存款"、"其他货币资金"账户的合计数填列;有的需要根据明细账户的期末余额直接填列,最典型的表现是往来项目的填列,如"应收账款"、"预收款项"、"应付账款"、"预付款项"等项目的填列;有的需要对总账账户和明细账户分析后填列,如"一年内到期的长期债权投资"项目的填列;有的需要根据相关项目的相抵数计算填列,如"固定资产净额"项目就需要根据"固定资产"账户的期末余额减去"累计折旧"、"固定资产减值准备"账户的期末余额填列。

资产负债表中各项目"期末余额"的具体填列方法如下。

资产负债表各项目"期末余额"的填列方法

资产类项目	"期末余额"填列方法	负债和所有者权益类项目	"期末余额"填列方法
货币资金	"库存现金"账户期末余额+"银行存款"账户期末余额+"其他货币资金"账户期末余额	短期借款	"短期借款"账户期末余额
交易性金融资产	"交易性金融资产"账户期末余额	交易性金融负债	"交易性金融负债"账户期末余额
应收票据	"应收票据"账户期末余额	应付票据	"应付票据"账户期末余额
应收账款	"应收账款"明细账户的期末借方余额+"预收账款"明细账户的期末借方余额	应付账款	"应付账款"明细账户期末贷方余额+"预付账款"明细账户期末贷方余额
预付款项	"预付账款"明细账户的期末借方余额+"应付账款"明细账户的期末借方余额	预收款项	"预收账款"明细账户期末贷方余额+"应收账款"明细账户期末贷方余额

（续表）

资产类项目	"期末余额"填列方法	负债和所有者权益类项目	"期末余额"填列方法
应收利息	"应收利息"账户的期末余额	应付职工薪酬	"应付职工薪酬"账户期末余额
应收股利	"应收股利"账户的期末余额	应交税费	"应交税费"账户期末贷方余额（如期末余额在借方则应以"—"号填列）
其他应收款	"其他应收款"账户的期末余额	应付利息	"应付利息"账户期末余额
存货	"原材料"、"周转材料"、"材料采购"、"库存商品"、"委托代销商品"、"受托代销商品"等账户的期末余额，减去"代销商品款"、"存货跌价准备"账户期末余额后的金额	应付股利	"应付股利"账户期末余额
一年内到期的非流动资产	1年内到期的持有至到期投资、长期待摊费用和1年内可收回的长期应收款金额	其他应付款	"其他应付款"账户期末余额
其他流动资产	除货币资金、短期投资、应收票据、应收账款、其他应收款、存货等流动资产以外的流动资产金额	一年内到期的非流动负债	将于1年内到期的长期借款等非流动负债金额
可供出售金融资产	"可供出售金额资产"账户的期末余额	其他流动负债	除上述流动资产以外的其他流动资产金额
持有至到期投资	"持有至到期投资"账户的期末余额	长期借款	"长期借款"账户期末余额
长期应收款	"长期应收款"的账户期末余额－"未确认融资收益"账户的期末余额－1年内到期的长期应收款	应付债券	"应付债券"账户期末余额

(续表)

资产类项目	"期末余额"填列方法	负债和所有者权益类项目	"期末余额"填列方法
长期股权投资	"长期股权投资"账户期末余额－"长期股权投资减值准备"账户期末余额	长期应付款	"长期应付款"账户期末余额－"未确认融资费用"账户期末余额
投资性房地产	"投资性房地产"账户的期末余额	预计负债	"预计负债"账户期末余额
固定资产	"固定资产"账户期末余额－"累计折旧"账户期末余额－"固定资产减值准备"账户期末余额	递延所得税负债	"递延所得税负债"账户期末余额
在建工程	"在建工程"账户的期末余额	其他非流动负债	除上述非流动负债以外的非流动资产金额－1年内到期的非流动资产金额
工程物资	"工程物资"账户的期末余额	实收资本(股本)	"实收资本(股本)"账户期末余额
固定资产清理	"固定资产清理"账户的期末借方余额(如为贷方余额,以"－"号填列)	资本公积	"资本公积"账户期末余额
生产性生物资产	"生产性生物资产"账户的期末余额－"生产性生物资产累计折旧"账户期末余额－"生产性生物资产减值准备"账户的期末余额	减：库存股	"库存股"账户期末余额
汽油资产	"油气资产"账户的期末余额－"累计折耗"账户期末余额	盈余公积	"盈余公积"账户期末余额
无形资产	"无形资产"账户的期末余额－"累计摊销"账户期末余额－"无形资产减值准备"账户期末余额	未分配利润	"利润分配"账户的年末贷方余额(1月至11月份根据"本年利润"和"利润分配"账户期末余额计算填列；期末贷方余额,按两者之和填列；前者为贷方余额,后者为借方余额,贷方余额减去借方余额填列,负数时用"－"号填列)

185

(续表)

资产类项目	"期末余额"填列方法	负债和所有者权益类项目	"期末余额"填列方法
开发支出	"研发支出－资本化支出"明细账户期末余额		
商誉	"商誉"账户的期末余额		
长期待摊费用	"长期待摊费用"账户的期末余额－将于1年内摊销的数额		
递延所得税资产	"递延所得税资产"账户的期末余额		
其他非流动资产	除以上非流动资产以外的其他非流动资产金额		

二、利润表填列点拨

(一)企业利润的计算

利润表中企业利润的计算过程可分为三步进行:

第一步:计算营业利润。

  营业利润＝营业收入－营业成本－营业税金及附加－销售费用－管理费用
  　　　　－财务费用－资产减值损失＋公允价值变动收益＋投资收益

第二:计算利润总额。

  利润总额＝营业利润＋营业外收入－营业外支出

第三步:计算净利润。

  净利润＝利润总额－所得税费用

(二)利润表的填列方法

利润表各项目均应填列"本期金额"和"上期金额"两栏。

1. 上期金额的填列

利润表中"上期金额"栏应根据上一年度利润表中"本期金额"填列。如果上一年度的利润表名称、内容与本年利润表有不一致的地方,应将上一年度利润表中的名称、内容按本年度利润表的规定进行调整再填列。

2. 本期金额的填列

利润表中各项目"本期金额"的具体填列方法如下。

利润表中"本期金额"的填列

利润表各项目	"本期金额"填列方法
营业收入	"主营业务收入"账户当期发生额＋"其他业务收入"账户当期发生额
营业成本	"主营业务成本"账户当期发生额＋"其他业务成本"账户当期发生额
营业税金及附加	"营业税金及附加"账户当期发生额
销售费用	"销售费用"账户当期发生额
管理费用	"管理费用"账户当期发生额
财务费用	"财务费用"账户当期发生额
资产减值损失	"资产减值损失"账户当期发生额
公允价值变动收益	"公允价值变动收益"账户当期发生额（损失以"－"号填列）
投资收益	"投资收益"账户当期发生额（损失以"－"号填列）
营业外收入	"营业外收入"账户当期发生额
营业外支出	"营业外支出"账户当期发生额
所得税费用	"所得税费用"账户当期发生额

三、现金流量表填列点拨

现金流量表分为两大部分，即主表部分和补充资料部分。主表部分又分为经营活动产生的现金流量、投资活动产生的现金流量和筹资活动产生的现金流量三部分；补充资料部分又分为不涉及现金收支的投资和筹资活动、将净利润调整为经营活动的现金流量和现金等价物净增加情况。

在我国，现金流量表主表是按现金收入和现金支出的主要类别来直接反映企业的各项经营活动产生的现金流量；现金流量表是则是以净利润为起点，通过调整不涉及现金的项目来计算企业经营活动产生的现金流量。

现金流量表主表各项目的填列方法如下。

现金流量表各项目的填列

现金流量表中的项目	填 列 方 法
一、经营活动产生的现金流量	
销售商品、提供劳务收到的现金	当期销售商品、提供劳务的收入＋("应收账款"账户期初余额－"应收账款"账户期末余额)＋("应收票据"账户期初余额－"应收票据"账户期末余额)＋("预收账款"账户期初余额－"预收账款"账户期末余额)＋当期收回的前期核销的坏账损失－当期销货退回支付的现金
收到的税费返还	返还企业的增值税、消费税、营业税、城市维护建设税、教育费附加、企业所得税等税费
收到其他与经营活动有关的现金	罚款收入、流动资产损失中由个人赔偿的现金、经营租赁收入等
购买商品、接受劳务支付的现金	当期购买商品、接受劳务支付的现金＋当期支付的以前应付票据款＋当期支付的前期应付账款＋当期预付的货款－当期退回的购货款
支付给职工以及为职工支付的现金	支付给职工的各种薪酬,包括"工资、奖金、津贴、补贴"、"职工福利"、"社会保险费"、"住房公积金"、"工会经费"、"职工教育经费"、"解除职工劳动关系补偿费"、"非货币性福利"、"其他与获得职工提供的服务相关的支出"等
支付的各项税费	当期实际交纳的增值税、消费税、营业税、城市维护建设税、企业所得税、教育费附加等税费
支付的其他与经营活动有关的现金	支付的除上述以外的与经营活动有关的现金开支
二、投资活动产生的现金流量	
收回投资所收到的现金	企业收回的投资款,不包括长期债权投资收回的利息
取得投资收益所收到的现金	企业收到的现金股利、利息和分配到的利润
处置固定资产、无形资产和其他长期资产所收回的现金净额	处置固定资产、无形资产和其他长期资产所取得的现金扣除处置这些资产所支付的费用后的净额
收到其他与投资活动有关的现金	收到的除上述投资活动以外的、其他与投资活动有关的现金

(续表)

现金流量表中的项目	填列方法
购建固定资产、无形资产和其他长期资产所支付的现金	购建固定资产、无形资产和其他长期资产所支付的现金
投资所支付的现金	企业进行债权性投资和权益性投资以现金支付的本金、佣金、手续费等
支付其他与投资活动有关的现金	企业支付的除上述投资活动以外的与投资活动有关的现金
三、融资活动产生的现金流量：	
吸收投资所收到的现金	企业收到的投资者投入的现金数额
借款所收到的现金	企业借入的短期借款、长期借款收到的现金
收到的其他与融资活动有关的现金	除上述融资活动以外收到的与企业融资活动有关的现金
偿还债务所支付的现金	企业偿还债务所支付的现金
分配股利、利润和偿付利息所支付的现金	企业发放现金股利、债券利息、分配利润所支付的现金
支付其他与融资活动有关的现金	除上述融资活动支付的现金以外的、其他与融资活动有关所支付的现金
四、汇率变动对现金的影响	有外币业务的企业，外币按期末汇率折算的人民币金额之间的差额
补　充　资　料	金　额
1. 将净利润调节为经营活动现金流量：	
净利润	利润表中"净利润"金额
计提的资产减值准备	"资产减值准备"账户的记录内容分析填列
固定资产折旧	"管理费用"、"销售费用"、"制造费用"等账户下"折旧费"明细账户的发生额之和
无形资产摊销	"管理费用"账户下"无形资产摊销"明细账户借方发生额
长期待摊费用摊销	"管理费用"、"销售费用"、"制造费用"等账户下"长期待摊费用摊销"明细账户的发生额之和

(续表)

补　充　资　料	金　　　额
处置固定资产、无形资产和其他长期资产的损失(减：收益)	处置固定资产、无形资产和其他长期资产的损失额
固定资产报废损失	固定资产报废损失额
财务费用	"财务费用"当期借方发生额
投资损失(减：收益)	利润表中"投资收益"的金额
递延税款贷项(减：借项)	资产负债表中"递延所得税资产"项目的期初余额减去其期末余额
存货的减少(减：增加)	资产负债表中"存货"项目的期初余额减去其期末余额
经营性应收项目的减少(减：增加)	当期经营性质项目的应收项目的期初余额减去其期末余额
经营性应收项目的增加(减：减少)	当期经营性质项目的应付项目的期初余额减去其期末余额
其他	其他需要调节的项目金额
2. 不涉及现金收支的投资和融资活动：	
债务转为资本	在当期债务人将债务转为资本的金额
一年内到期的可转换公司债券	1年内到期的可转换公司债券的金额
融资租入固定资产	融资租入的固定资产金额
3. 现金及现金等价物净增加情况：	
现金的期末余额	资产负债表中"货币资金"的"期末余额"数
现金的期初余额	资产负债表中"货币资金"的"年初余额"数
现金等价物的期末余额	现金等价物的期末余额
现金等价物的期初余额	现金等价物的期初余额